clave

Tere Díaz Sendra. Es licenciada en pedagogía, especializada en desarrollo humano personal, de pareja y familiar. Promotora en procesos de desarrollo humano grupal, posee una maestría en psicoterapia familiar sistémica, una especialidad en terapia de pareja y diplomados en clínica psicodinámica, terapia individual sistémica y terapia narrativa. Es *coach* empresarial estratégico y mantiene una práctica privada en terapia individual, de pareja, familiar y de grupo. Tallerista, escritora, conferencista y docente, es, junto con Manuel Turrent, socia fundadora de Concepto S1ngular y Concepto Empresarial, y coautora de los libros *Volver a empezar, 29 claves para encontrar pareja* y *Celos. ¿Amar o poseer?*

Manuel Turrent Riquelme. Posee una especialidad en terapia familiar y diplomados en violencia familiar, terapia narrativa, terapia individual sistémica y terapia de pareja. *Coach* empresarial estratégico, ofrece consulta privada en terapia individual, de pareja, familiar y de grupo. Además de dar asesoría a empresarios y ejidatarios, ha colaborado con el Centro de Atención a la Violencia Doméstica (Cavida), donde ha trabajado con hombres y mujeres que viven violencia. Tallerista, escritor, conferencista y docente, es coautor de los libros *Volver a empezar* y *29 claves para encontrar pareja*.

¿Me quedo o me voy?

Reflexiones para decidir continuar
o terminar una relación de pareja

**TERE DÍAZ SENDRA
MANUEL TURRENT RIQUELME**

DEBOLS!LLO

El papel utilizado para la impresión de este libro ha sido fabricado a partir de madera
procedente de bosques y plantaciones gestionadas con los más altos estándares ambientales,
garantizando una explotación de los recursos sostenible con el medio ambiente y beneficiosa para las personas.

Penguin
Random House
Grupo Editorial

¿Me quedo o me voy?
*Reflexiones para decidir continuar
o terminar una relación de pareja*

Primera edición en Debolsillo: octubre, 2021

D. R. © 2015, Tere Díaz Sendra y Manuel Turrent Riquelme

D. R. © 2021, derechos de edición mundiales en lengua castellana:
Penguin Random House Grupo Editorial, S. A. de C. V.
Blvd. Miguel de Cervantes Saavedra núm. 301, 1er piso,
colonia Granada, alcaldía Miguel Hidalgo, C. P. 11520,
Ciudad de México

penguinlibros.com

Diseño de portada: Penguin Random House / Paola García Moreno

ISBN: 978-607-319-135-7

Impreso en México – *Printed in Mexico*

Ir y quedarse, y con quedar partirse,
partir sin alma, y ir con alma ajena,
oír la dulce voz de una sirena
y no poder del árbol desasirse;

arder como la vela y consumirse,
haciendo torres sobre tierna arena;
caer de un cielo, y ser demonio en pena,
y de serlo jamás arrepentirse;

hablar entre las mudas soledades,
pedir prestada sobre fe paciencia,
y lo que es temporal llamar eterno;

creer sospechas y negar verdades,
es lo que llaman en el mundo ausencia,
fuego en el alma, y en la vida infierno.

Lope de Vega

INTRODUCCIÓN

Para poder comenzar...

Con frecuencia, y muchas veces como cliché, decimos que la realidad es mejor que un falso sueño. Aun si estás de acuerdo con esta afirmación pensarás sin duda que "despertar duele". Mirar de frente lo que estamos viviendo y tener que dar una respuesta a esa realidad no es cosa fácil, particularmente cuando se trata de una relación amorosa en la que se ha invertido tanta vida, tanto tiempo, tantas expectativas y todo el corazón.

Si tienes este libro en tus manos es porque seguramente estás viviendo situaciones de duda y de indecisión en relación con tu vida de pareja. Lo primero que queremos decirte es que no estás solo en este predicamento; aproximadamente el 20% de los habitantes de nuestro planeta están cruzando también el incierto sendero de decidir si terminar o continuar con una relación.

De hecho nosotros mismos hemos recorrido ese camino de manera personal, por lo que conocemos bien sus vericuetos, sus dolores, sus angustias y los grandes aciertos a los que puede llevarte también. Si bien el trayecto que implica una determinación así no es un camino fácil, es posible transitarlo con el mayor cuidado posible, con un suficiente grado de conciencia, y con grandes probabilidades de llegar a una buena resolución. Más allá de nuestra experiencia personal y de nuestra formación académica, trabajar por años con parejas nos ha permitido acompañar a muchas de ellas en esta compleja decisión entre romper o permanecer juntos y luchar por lo que quieren.

Si bien parece claro que las relaciones lastimosas y abusivas merecen ser terminadas, no siempre se tiene la certeza de que eso es lo que se está viviendo en el intercambio de pareja, y menos aún del impacto que tiene la relación violenta en el bienestar personal y en la vida de todos los implicados. Si esto que parece obvio puede tomar años de asimilación, ¿qué decir de las relaciones "pobres o planas" que sin ser violentas o abusivas generan una brecha de afinidades que lleva a la pareja a caer en el tedio, en la desolación y en la falta de conexión?

Muchas relaciones no atraviesan crisis abruptas ni situaciones límite que requieran un cuestionamiento abierto y puntual. Es más frecuente, por el contrario, experimentar que la vida en común se ha convertido sigilosamente en dos vidas paralelas, y que si bien hay momentos buenos, y los hubo en el pasado al por mayor, en el día a día, y sin necesidad de grandes pleitos o de catástrofes emocionales, la distancia entre uno y otro aumenta paso a paso dejando un vacío interno y relacional.

¿Cuándo es momento de luchar? ¿Cuándo es tiempo de reconocer el desgaste y claudicar? ¿Cómo hacer caso a los anhelos profundos y a los valores e intereses personales sin actuar con rigidez o, por el contrario, con liviandad? ¿Por qué o para qué hacer un movimiento que tendría implicaciones para uno mismo y para tantos que también se pueden impactar?

No importa qué tipo de relación tengamos: de corta o larga duración, con o sin hijos, seamos homosexuales o heterosexuales, ricos o pobres, jóvenes o viejos, cuestionar la continuidad de la vida de pareja siempre es difícil para quienes se encuentran en ese lugar.

"No soy de aquí ni soy de allá…"

Sin embargo, permanecer en el "limbo", dudando, "yendo y viniendo" en tu mente, sin avanzar en alguna dirección o sin posicionarte en algún lugar, genera en ti un estado de desorientación y desgaste. Si has invertido mucha energía en un estado de perenne indecisión, seguramente experimentarás algunos de estos efectos en tu vida:

- Una dificultad para hacer proyectos a largo plazo, tanto en tu relación de pareja como en otras áreas de tu vida, pues al no estar convencido de que en tu pareja está tu deseo y tu intención, la vacilación y el malestar te impiden visualizar el futuro.
- Una tendencia a negar lo bueno de tu pasado amoroso con esa persona y a minimizar lo que sí has crecido y disfrutado con ella.
- El "ir y venir interno" te puede impedir también concentrarte en el ahora de tus acciones, pues recurrentemente surgen la incomodidad y la duda que te impulsan a cuestionar y a reflexionar, distrayéndote de lo que estás llevando a cabo o viviendo en el momento presente.
- Mucha energía desperdiciada en sostener mecanismos defensivos —de evasión y de negación entre otros— para acallar las preguntas internas que plantea el dilema en el que te encuentras.

- Probablemente te has convertido más en un observador de tu pareja que en un auténtico compañero: señalando para ti o para ella lo que no te gusta, lo que te molesta, lo que cambiarías, dejando de lado lo que sí tienen y lo que sí hay.

- Esto, al tiempo que genera una distancia en la relación y una desconexión clara con el otro, aumenta la brecha de afectos y afinidades entre ustedes.

- Tal vez experimentas la fantasía —o el hecho real— de estar con alguien más que se ajuste a lo que necesitas y se adecue a quien eres hoy. Esta vivencia puede asustarte, al tiempo que te distrae y te motiva con la esperanza de tener en el futuro una vida mejor.

- Y no podemos dejar de mencionar la posibilidad de que presentes ya algunos síntomas físicos como cansancio, insomnio, somatizaciones, o bien malestares emocionales como depresión, ansiedad, agresividad, culpa o miedo, que merman tu desempeño general y tu bienestar integral.

¿Será que la hacemos juntos? ¿Lo que me cansa y preocupa mejorará o empeorará con el tiempo? ¿Qué pasará si mejoran las cosas? ¿Qué pasará si empeora esta situación? ¿Puedo restablecer las cosas yo solo o necesito de la ayuda de alguien en particular? Si dejo la relación ¿mi futuro será mejor o peor de lo que estoy viviendo? Si continúo con esta pareja ¿podré lograr un mayor grado de bienestar y satisfacción?

La coyuntura que se te presenta es una etapa que requiere de tu concentración y cuestionamiento para atravesarla oportunamente y llegar a buen puerto. Sea lo que sea que decidas, puedes salir de ese *impasse* cuidando de ti y de los que te rodean; sea cual sea tu lugar de arribo, será un espacio seguro, y un mejor territorio para vivir. Hoy no puedes tener la respuesta concreta, ¡suéltala!; de hecho te será de más ayuda tolerar el malestar que te genera la incertidumbre que experimentas e introducirte en el proceso de decisión que estás por iniciar. No olvides que mereces una vida de paz y crecimiento, y que eres acreedor a un grado suficiente de satisfacción y felicidad; disponerte adecuadamente a cuestionar lo que estás viviendo te liberará del estrés de la indecisión y te dará los lineamientos para continuar.

Me quedo o me voy es un libro que te aproximará a la respuesta que estás buscando, siempre y cuando estés realmente interesado en obtener claridad y asumir responsabilidad; no existen respuestas mágicas y menos soluciones que provengan del exterior. Hay quienes dicen querer una solución a la situación que viven pero en el fondo se sienten cómodos "quedándose suspendidos en el aire" para no tener que enfrentar su realidad.

En cualquier caso, decidir qué es lo mejor para ti te hará vivir infinitamente más feliz y tranquilo de lo que estás ahora. Por más complejo y "empedrado" que sea el camino que emprendas para lograrlo, será mejor que la ambivalencia e insatisfacción que hoy experimentas. El resultado de una buena decisión te permitirá crear una realidad más acorde a quien eres tú hoy. ¡ Experimentar la permanente duda de continuar o terminar, buscando a diario los signos que te den la respuesta, es desgastante y frustrante!

La propuesta que tenemos para ti en este libro se basa en:

1) La experiencia de mucha gente a la que hemos acompañado a decidir si terminar o continuar una relación.
2) Nuestra propia experiencia de vida.

3) El estudio profesional que tenemos de las relaciones humanas, el amor, el desamor y la pareja.

4) Pero, sobre todo, en el reconocimiento de tu propia sensación interna, más allá "de lo que debe o no debe ser". Hay claves y puntos que te permitirán reconocer la respuesta en tu interior. No haremos magia, ni lanzaremos premisas que no tengan nada que ver con lo que tú has sentido, vivido y visto de tu pareja y tu relación; por el contrario, trataremos de que reconozcas y tomes en serio tu propia experiencia.

Si bien no hay recetas de cocina para tomar una decisión así, sí existe un proceso de reflexión que te ayudará a tener más elementos para clarificar lo que es bueno y constructivo para ti y para los que te rodean.

Terminar no es fácil, pero tampoco es el fin del mundo...

Algo que aumenta la complejidad de una decisión como la que estás tomando es la idea de que los que se divorcian son débiles o fracasados, que la vida de pareja es mejor que la soltería, que es mejor durar que claudicar. Sin duda la sociedad privilegia la vida de pareja y de alguna manera aún estigmatiza los divorcios, las separaciones y la vida en soltería; se escucha entre dientes o explícitamente "que los solteros son egoístas porque no se sacrifican más", "que no podrán rehacer la vida", "que lastimarán a los hijos", "que su economía empeorará", "que difícilmente lograrán ser aceptados por su entorno..."

Nosotros honramos la vida de pareja, consideramos que un buen amor trae infinitas posibilidades a los individuos y a las familias, creemos también que acompañarse de alguien amorosamente es una fuente de dicha, crecimiento y satisfacción, pero también estamos convencidos de que hay que permanecer en las relaciones de pareja por buenas razones y no por lindos sueños y buenas intenciones.

La sociedad se ha vuelto paulatinamente más abierta ante la posibilidad de un rompimiento amoroso y la construcción de nuevos modelos de vida personal, de pareja y familiar, pero aún pesa el tabú del divorcio, la separación y la soltería. De cualquier modo sabemos que hoy más que nunca es insuficiente hacer pareja por las razones sociales y económicas de antaño, que con los dictámenes que hacían imperativa la reproducción, la producción y la sobrevivencia promovían "aguantar" y preservar la relación a cualquier costo.

Muchas relaciones de mala calidad perduran por razones equivocadas y por miedos infundados. Por más que la pareja desee lo mejor para su familia y sus hijos, existen situaciones en las cuales se sufre más al interior de la relación de lo que se disfruta, y se desarrolla menos el propio potencial de lo que se desea.

El entorno a veces mira una máscara "positiva" de la relación, y la festeja, pero lo realmente importante es la calidad de vida de la pareja detrás de esa máscara. ¿Se vale permanecer por miedo a lastimar a otros? ¿Es adecuado quedarse para probar nuestra bondad y nuestro compromiso? ¿Tiene sentido sacrificarse para evitar costos económicos? ¿Es oportuno quedarse por los hijos? ¿Por los padres? ¿Por Dios? En ocasiones el ejemplo que queremos dar de "pareja fuerte que dura por toda la vida" resulta ser, en lo recóndito de la vida familiar, un ejemplo de sufrimiento y temor.

Por otra parte, también ocurre que existen relaciones que aún podrían ser actualizadas y renegociadas y que se dejan morir sin hacer el suficiente trabajo que implica una "recontratación". ¿Por qué "aventar la toalla" antes de tiempo? Pareciera que en un mundo que privilegia las soluciones rápidas, sin ser necesariamente las mejores, que desprecia la tolerancia a la frustración y que dificulta posponer la gratificación inmediata con el lema de "usar y tirar", se hace difícil la posibilidad de trabajar en las entrañas de la vida amorosa y en las dinámicas inoperantes de la relación.

Probar nuevos esquemas, establecer acuerdos actualizados y crear estrategias que reinventen la relación y renueven la convivencia, son posibilidades que han de agotarse antes de decidir terminar. Muchas parejas salen airosas de momentos áridos y desafortunados. Si permanentemente nos actualizamos en temas de tecnología, de desarrollo profesional, de moda, de gustos e intereses, ¿cómo es que pensamos que la relación de pareja quedará inmune a los vertiginosos cambios sociales y que sin mayor esfuerzo el corazón se adaptará a toda transición?

Vivir en pareja en la actualidad enfrenta retos relativamente nuevos para el ser humano: no basta, como en otros tiempos, ser buen padre o madre, buen proveedor o impecable ama de casa. Los avances científicos y tecnológicos que abren infinidad de puertas y experiencias —que además aumentan la posibilidad de vivir muchos más años y con mejor calidad—, y los movimientos sociales como la revolución sexual, el feminismo con su consecuente lenta pero constante debilitación del patriarcado, han puesto a la vida de pareja en un torbellino de transformación que difícilmente alcanzamos a visualizar, a digerir y a afrontar. A veces pensamos que nuestra insatisfacción amorosa se debe a un error de elección o a una falla personal, sin considerar el sinfín de factores que han entrado en juego para evaluar hoy la calidad de nuestras relaciones sociales en general y de nuestra vida de pareja en particular.

Así, el mundo recién transformado ha puesto en crisis muchas instituciones, entre ellas la institución matrimonial y los convencionales roles y acuerdos amorosos. Las expectativas de los miembros de una pareja se han transformado. El divorcio como herramienta aceptada y accesible para dar fin a las relaciones matrimoniales abre la posibilidad de la construcción y reconstrucción de relaciones amorosas diversas y promueve la creación de nuevos y creativos estilos de vida familiar.

Un rompimiento o un divorcio no es igual a fracaso —un divorcio oportuno y bien manejado puede ser saludable y constructivo—, así como durar cincuenta años de casado no necesariamente significa éxito. Cada persona tiene una definición diferente para una relación feliz, con base en muchos factores. Sin embargo, aún hay mitos que desafiar en relación con las rupturas amorosas: nuestra actitud positiva, de entendimiento y apertura hacia ellas se mueve con mayor lentitud.

A través de la lectura de este libro te acompañaremos a evaluar el nivel de felicidad y satisfacción que hay en tu relación, así como a descubrir qué puedes hacer para mejorar tu situación actual. Cuando una relación llega a un punto de desgaste, en el cual se siente que lo negativo supera lo positivo, toca detenerse, evaluar y definir.

El material que tienes en tus manos te preparará para tomar la decisión de quedarte o de dejar la relación en la que te encuentras, no por temores, tampoco por comodidad y menos aún por presiones sociales. El análisis de tu situación actual, la escucha de tu experiencia interna y la definición de lo que esperas de tu vida te permitirán decidir desde tu propia convicción. Recuerda que tú eres el único que puede evaluar honestamente si estás o no en la relación oportuna y constructiva que mereces.

Seguramente ya tienes un camino recorrido y probablemente ya has hecho infinidad de intentos por mejorar tu relación: el amor en la vida es tan importante que pocos se rinden sin luchar. Nosotros te apoyaremos guiándote por ciertos pasos que te facilitarán el proceso de decisión, de manera que al terminar la lectura de este libro te inclines a favor de alguna de estas opciones:

- Luchar si aún queda algo por hacer: Si decides quedarte, sabrás que ése es tu deseo y tu lugar, y te dispondrás a conservar, a cuidar y a trabajar en tu pareja, recomprometiéndote sin reservas, derramando tu amor y tu energía en la relación, haciendo crecer todo lo bueno de ella. El cómo será flexible, pues sin duda el esquema que hoy vives no les funciona más, pero el compromiso será incondicional.

- O partir si la situación está irreversiblemente desgastada o pone en riesgo tu integridad: Si decides irte te sentirás convencido de que tu relación de pareja se ha agotado, de que no da para más, ya sea porque ha cumplido su ciclo o su misión, ya sea porque por sus características no es sana para ti, ya sea porque simplemente no tiene futuro. Sostener una relación pobre o destructiva difícilmente te dará paz y no te abrirá nuevas puertas de satisfacción y crecimiento. Si decides romper, te irás libre de cierta confusión, pero listo para vivir el duelo correspondiente y continuar una nueva y mejor vida. Cuando se termina una relación que merece finalizar, se libera a dos personas para que se dirijan hacia un mejor lugar.

A lo largo de este escrito encontrarás los pasos que te llevarán a un proceso de definición. Si bien cada capítulo te puede dar información relevante y suficiente en cuanto al tema que en él se plantea, te sugerimos leerlos en orden para que atravieses cabalmente el proceso: ordenes tu pensar, tu sentir, clarifiques tu ambivalencia, y te perfiles a una resolución.

En el primer capítulo explicaremos con mayor detenimiento la experiencia de ambivalencia y distancia que gesta la indecisión que experimentas. Del mismo modo describiremos cómo se exacerba la dinámica de la duda y se empieza a rumiar la posibilidad de una separación. Reconocer que lo que vives en silencio no sólo te ocurre a ti sino que es característico de quien requiere terminar o transformar su relación te abrirá la posibilidad de sentirte comprendido y de emprender con motivación el trayecto que estás por iniciar.

En el segundo capítulo abordaremos los porqués y las características de tu relación actual. Entender cómo es que elegiste a tu compañero amoroso y por qué has sostenido una relación con él te permitirá clarificar el significado de estos años juntos, así como honrar lo que sí se han dado y cuestionar lo que no les sirve en la actualidad. Del mismo modo, te dará mayor comprensión del vínculo que has creado te permitirá romper viejos patrones de conducta inoperantes y reconsiderar los puntos clave que facilitan o dificultan un avenimiento conyugal.

Reconocer tus necesidades será el propósito del tercer capítulo. Descubrir lo que requieres y valoras te permitirá vislumbrar la vida que deseas y el vínculo amoroso que lo puede facilitar. Recuerda que no sólo se trata de abrir la posibilidad de romper la relación que actualmente mantienes, sino de trabajar en ella y reconstruirla si existe la disposición de ambos y las herramientas para avanzar. Valorar si pides o esperas de más o de menos te permitirá ajustar tus demandas a expectativas realistas pero al mismo tiempo indispensables para tu bienestar. Descubrirás que no puedes demandar a tu pareja la satisfacción de todas tus necesidades, pero también reconocerás que hay un mínimo indispensable de requisitos para que una relación pueda funcionar.

El cuarto capítulo será una evaluación inicial de tu situación de pareja con base en la satisfacción adecuada o inadecuada de tus necesidades. Distinguirás en primera instancia la diferencia entre los problemas que tienen solución y los que son irresolubles, lo cual te permitirá reconocer de manera realista los elementos necesarios para manejarlos mejor. Del mismo modo detectarás qué situaciones presentes en tu vida de pareja está en tus manos trabajar y cuáles te desbordan generando frustración, impotencia y dolor. Esta primera valoración de las condiciones y circunstancias de tu relación de pareja te mostrará los "ingredientes" necesarios para que una relación amorosa se pueda sostener, se requiera transformar —si existen los requisitos necesarios—, o bien se tenga que terminar.

En el quinto capítulo te invitaremos a profundizar de manera puntual en algunas situaciones de riesgo que suelen darse en los intercambios de pareja, y que por la magnitud de su impacto en la integridad física y emocional de quienes conviven con ellas merece la pena detectarlas, distinguirlas y cuestionarlas de manera particular. La infidelidad, la violencia, las adicciones, los trastornos de personalidad y las decepciones financieras serán el foco de este quinto capítulo, de manera que puedas reflexionar en ellos sin minimizar, normalizar o incluso ignorar el impacto que tienen en tu vida —en caso de que esté presente alguno o varios de ellos— y en tu relación.

En el sexto capítulo te acompañaremos a reconocer, reafirmar y hacer valer tu verdad interna por encima de los convencionalismos sociales y las demandas de los demás. A través de dos ejercicios acuciosos recorrerás un sinfín de situaciones, sensaciones y reflexiones en torno a tu relación de pareja y —más allá de lo que "desearas" que ocurriera que no está sucediendo— corroborarás tu deseo profundo de continuar o terminar. Teniendo claro tu grado de insatisfacción y tu necesidad de cambio, definirás una postura en cuanto a tu futuro próximo que perfilará tu camino a seguir.

El séptimo capítulo te permitirá explorar las alternativas de quedarte, separarte o bien divorciarte, según lo que hayas elegido previamente. Tomarás conciencia de que el miedo o la huida no son buenos consejeros y que la decisión tendrá que partir de tu genuino deseo de crecimiento y de un auténtico cuidado personal. Comprender lo que implica la decisión que hayas tomado te facilitará emprender el camino que te llevará a la acción inteligente y planeada.

El trayecto que has iniciado es de un inmenso bamboleo emocional; por eso, en el octavo capítulo exploraremos tu mundo afectivo: el lenguaje de tus sentimientos, así como el manejo de la tormenta emocional que se vive en un proceso como éste. Sea lo que sea que decidas: quedarte o partir, tendrás que atravesar el duelo por lo que ya no fue. Cuando una relación ha llegado al punto en el que estás hoy, o se transforma y se renueva o se deja ir; en ambos casos tendrás que soltar el pasado y las expectativas a las que hasta hoy te habías aferrado y que ya no funcionan más. Manejarte oportunamente en lo emocional es factor importante para que tras atravesar este proceso llegues a un "puerto seguro".

En el noveno capítulo, el último de este caminar, te daremos algunas sugerencias para conservar tu energía y salir claro y fortalecido de este trayecto. Del mismo modo te ayudaremos a comprender que los verdaderos cambios son un proceso y no un evento, de ahí la importancia de sostener en el tiempo acciones concretas que te permitan arribar y sostener tu elección final.

Estamos por iniciar un desafiante recorrido contigo. Te acompañaremos en el proceso de decisión que inicias a través de la lectura de este libro. Te pedimos que a lo largo del trayecto recuerdes esta frase que te compartimos: "No se puede dejar una relación por cualquier cosa, pero tampoco puede sostenerse a pesar de todo". Con este eje en tu cabeza y en tu corazón, tenemos la certeza de que alcanzarás tu verdad interna, y junto con ella, la paz...

1. COMENZANDO EL RECORRIDO MENTAL

Una vida sin examinar no merece ser vivida.

Sócrates

El simple hecho de cuestionarte si debes quedarte en tu relación de pareja o si lo mejor sería salirte de ella, hace que te sientas en una encrucijada. En cierto modo es así... ¿por qué? Porque hoy has llegado a un punto de cuestionamiento y malestar que no tiene marcha atrás. Situarte en este lugar es bueno porque te impulsa a reflexionar y decidir, lo cual no significa que sea sencillo.

Quizá llevas tiempo dando bandazos y pensando en una u otra alternativa: "¿me voy?", "¿me quedo?", desgastándote y sin encontrar ninguna resolución. ¡Basta de indefinición y zozobra!, hoy toca ir para adelante: reflexionar, definirte y actuar. Regresar a los intentos de solución que hasta hoy has elegido —por desconocimiento, por temor o por comodidad— no te dará ninguna salida, menos aún alguna garantía de éxito, y, sin duda, ninguna satisfacción. No es posible descubrir alternativas diferentes, haciendo una y otra vez lo mismo.

Haberte interesado en este libro nos confirma que te llegó el momento de aceptar cabalmente que te encuentras en un dilema, que seguir en la indefinición ha aumentado tu desgaste y tu molestia, y que por tanto tienes que moverte en alguna dirección.

Consideramos que para emprender este recorrido es importante que tengas claros los siguientes aspectos:

- Estás por tomar una de las decisiones más importantes de tu vida, equiparable a la elección de estudiar una carrera, implicarte en un trabajo, elegir una pareja, incluso tener hijos.
- La definición que estás por realizar es una elección compleja: genera ambivalencia y ansiedad dado que involucra infinidad de aspectos personales, familiares, sociales, religiosos, entre tantos otros que entran en juego.
- Por todo lo anterior, no te desesperes ni te precipites si experimentas momentos de zozobra y contradicción: experimentar esto es parte del camino de clarificación.
- A mayor reflexión y serenidad de tu parte, estarás en mejores condiciones de definirte y a la larga te sentirás más satisfecho con la determinación de haber deliberado bien tu decisión.
- Cualquiera que sea tu elección final tendrá consecuencias en tu futuro, en el de tu pareja y en el de tus hijos, si es que los tienes, por lo cual es importante visualizar los efectos del camino que elijas, no para que te retractes, sino para que te anticipes a ellos y puedas manejarlos mejor.
- Busca rodearte de profesionales —terapeutas, mediadores, abogados— que estén a favor de la paz y no de la violencia; con beligerancia rara vez se llega a una buena solución.
- Frecuenta amigos y familiares que ya hayan transitado exitosamente por este proceso; sea cual fuere el desenlace, observa si ha habido resultados constructivos tras su decisión.

Dicho esto, comencemos juntos el recorrido...

¿Por qué nos emparejamos?

Una relación de pareja larga es como una alfombra oriental, con unos intricados dibujos tejidos año tras año de compartir felicidad y dolor, experiencias e ideas. Bajo el caleidoscópico diseño están la trama y la urdimbre, la fuerte retícula de sus objetivos e intereses comunes, de sus recuerdos y secretos compartidos. Y entretejidos en este tapiz están los hilos del humor, de la paciencia, del compromiso y de la determinación más tenaz.

W. A. Auden

Sólo 3% de los mamíferos se empareja para criar a sus cachorros, y los humanos nos encontramos entre ellos. En general a los seres humanos nos gusta vivir en pareja y ésta es una de las principales razones por las que tenemos serias dudas de separarnos una vez que hemos construido e invertido buena parte de nuestro tiempo y energía en una relación.

Al deseo interno de lograr la permanencia con nuestra pareja se suma el hecho de que un rompimiento amoroso es de alguna manera ir a contracorriente: los mandatos sociales, religiosos, familiares, suelen connotarlo como un fracaso. La sociedad en general nos recluta constantemente para vivir de a dos. Las diferentes religiones promueven —y en algunos casos obligan— conservar a la pareja casi a cualquier costo. A nivel biológico, los neurotransmisores de nuestro cerebro nos impulsan a formar pareja. La historia, por su parte, nos recuerda en todo momento que la pareja humana es la base de la familia y de la sociedad.

A pesar de todos estos influjos externos que impelen a la conservación de la vida conyugal, nunca como en la actualidad ha sido tan complejo construir y sostener relaciones amorosas satisfactorias.

Pero ¿cómo inició esta historia de vivir en pareja? La antropología nos cuenta que hace cuatro millones de años, en el África ecuatorial, nuestros antepasados bajaron de los árboles y comenzaron a caminar erectos, lo cual fue una revolución para la evolución de nuestra especie. La pelvis de nuestros primeros ancestros tuvo que estrecharse para evitar la caída de las vísceras debido a la fuerza gravitacional; esto hizo que en las hembras se angostara el canal de parto obligando a los críos a nacer más pequeños y por tanto más inmaduros. Es así que los pequeños humanos empezaron a requerir de mayores cuidados maternos por periodos más prolongados de tiempo que el resto de los animales. Adicional a lo anterior, las hembras —en su nueva posición vertical— no cargaban más a los críos a sus espaldas como otros mamíferos, sino que los llevaban entre sus brazos, lo cual limitó el uso de sus extremidades superiores tanto para su defensa personal como para la recolección de víveres.

Todos estos cambios evolutivos ocasionaron que las hembras necesitaran de los machos para que ellas y sus descendientes sobrevivieran. Para los machos también fue beneficiosa esta transición, ya que en vez de mantener a todo un harén de hembras, se emparejaban con una de ellas y la acompañaban y cuidaban a lo largo del periodo de gestación y crianza.

Agreguemos a esta entretenida descripción que la postura erecta que adoptaron los primeros homínidos favoreció la cópula frente a frente: en las hembras desapareció el periodo de celo —no restringiéndose el intercambio sexual a determinadas épocas de su ciclo menstrual— y se gestó la capacidad femenina de experimentar orgasmos. Estas prácticas cotidianas hicieron que los implicados en el intercambio se reconocieran, gustaran el uno del otro, y generaran vínculos particulares. Es así que en tiempos remotos se gestó lo que hoy entendemos como hacer pareja y vivir en pareja.

Gracias a este fenómeno, en el cerebro humano se crearon las estructuras biológicas que sostienen la creación de vínculos afectivos. Esto fue reforzado por los largos periodos requeridos para la crianza de la prole, funciones que, al extenderse en el tiempo, reforzaron la importancia del intercambio social entre los seres humanos.

No podemos omitir en esta etiología el influjo del efecto endocrino de nuestros comportamientos sexuales. Siempre se ha dicho que el sexo, el buen sexo, genera vínculos. Y es que la eyaculación masculina y los orgasmos femeninos incrementan los niveles de vasopresina en los machos y de oxitocina en las hembras. Estos neurotransmisores forman parte de nuestras estructuras cerebrales relacionadas con el cariño que sentimos los humanos al interior de nuestros lazos afectivos; a ellos debemos parte de nuestro deseo y capacidad de formar vínculos de pareja.

Entre la ambivalencia y el distanciamiento

¿Cómo es que se pasa de la vinculación amorosa a la duda entre continuar y terminar con una relación? Sin duda la aparición de crisis inesperadas puede crear un malestar que cuestione la relación, pero es más común observar cómo los desacuerdos cotidianos, no comunicados y mal gestionados van deteriorando paulatinamente una relación.

La socióloga Diane Vaughan describe los pasos que se atraviesan cuando se emprende la retirada: tras fallidos intentos de solución, uno de los miembros empieza a sentirse molesto y desesperanzado y no se lo dice al otro por temor, prefiere minimizarlo. Generalmente se dice a sí mismo que lo que ocurre no es tan importante, y con el paso del tiempo empieza a cuestionar el compromiso hacia la relación sin externar su preocupación. Con este paso, la comunicación e intimidad de la pareja se ven interrumpidas: sin la comunicación adecuada, el otro cónyuge no sabe de la insatisfacción de su pareja, y el iniciador muestra su malestar de manera sutil sin externar claramente el problema ni plantear conjuntamente si tiene alguna solución.

Debido a la frustración por la escasa respuesta del compañero, el miembro insatisfecho busca alternativas fuera de la relación. Si bien esta estrategia atenúa la frustración en el interior de la relación, hace más grande la distancia con la pareja.

El espectador puede atribuir estos cambios de su pareja a muchas razones, pero sin tener elementos claros y suficientes de parte del iniciador; aunado a una estrategia defensiva de negación y evasión, no puede reconocer que es la relación misma la causa del problema. Al ser notorio el desasosiego, llega el momento en que el iniciador abre con su compañero la posibilidad de terminar la relación. El planteamiento que hace enfatiza que hay poco o nada por hacer.

Esta primera apertura del desencuentro toma por sorpresa al cónyuge espectador, que no considera que la situación sea tan crítica. El iniciador argumenta que en diversas ocasiones ha intentado hacerle notar el malestar e incluso ha propuesto alternativas de solución, sin ser tomado en cuenta. El espectador, ante las diferencias, sugiere que pidan ayuda, mientras el iniciador, tras haberse atrevido a abrir su malestar y con varios meses de planear en silencio la retirada, busca ya una salida.

Aquí empiezan las confrontaciones directas: mientras el espectador intenta cambiar de actitud y mejorar la situación, el iniciador está en un punto de no retorno. La ruptura o continuidad del compromiso depende prácticamente del iniciador. El cónyuge espectador empieza a distinguir las causas que llevaron a esta crisis. En ocasiones esto basta para aceptar que el vínculo está roto y dejar atrás la relación; en otros casos la pareja se reactiva y llega a buscar una reconciliación para la que requiere trabajar en una recontratación que les permita crear algo diferente.

Los viejos patrones y estilos de vida son insuficientes. A veces con trabajo y acompañamiento se logra este cambio, pero no es fácil llevarlo a cabo dado el deterioro de la comunicación y, en muchas ocasiones, debido a la existencia de una relación alterna que ha facilitado la desvinculación.

¿Te identificas con este recorrido? Sea cual sea el punto en el que te encuentres, una constante de todo este proceso es la ambivalencia y el distanciamiento.

Conocemos como ambivalencia ese estado anímico, tanto ocasional como permanente, en el que coexisten dos emociones o sentimientos opuestos. Tener ambivalencia en relación con algo consiste en albergar pensamientos y emociones tanto positivos como negativos hacia alguna persona o suceso.

Quizá experimentar este estado es común en las relaciones humanas: a veces queremos a alguien, a veces simplemente ¡lo queremos regalar! La oscilación entre toda clase de sentimientos agradables y desagradables en relación con los demás es parte de la naturaleza humana, pero generalmente podemos asumir esta experiencia como parte de la diversidad emocional que se da en los intercambios sociales y amorosos.

Es distinto cuando la ambivalencia que se experimenta entra en el territorio de la duda: ¿será que quiero permanecer con mi pareja o prefiero dejar mi relación amorosa? Una pregunta así planteada va más allá de la normal oscilación entre lo que nos gusta y nos desagrada de nuestra pareja, ya que introduce la posibilidad de dejar la relación.

Hacemos hincapié en que siempre se tiene cierta ambivalencia en relación con la vida en pareja, más en un mundo que pone ante nuestros ojos tantas posibilidades de vida amorosa y diversas alternativas de relación; por esto, y por la naturaleza misma del amor, insistimos en que la vida conyugal tiende a ser contradictoria y compleja. A esto agregamos que en un mundo individualista —donde adolecemos de entrenamiento para tolerar la frustración y posponer la gratificación—, la aceptación de las diferencias entre seres humanos se complica y las negociaciones para alcanzar mejores acuerdos se dificultan.

En las relaciones de pareja en particular, el tiempo tiende a acentuar lo negativo de la convivencia y a invisibilizar lo que hay de positivo en ellas, por lo cual es común que en el seno de lo amoroso se deje sentir con cierta frecuencia esta dinámica de intolerancia e impaciencia. ¡Es tan común ver en terapia a parejas jóvenes que al cabo de unos cuantos meses de convivencia ya están atrapadas en la incertidumbre de no saber si están mejor dentro del vínculo que han formado o fuera de la relación!

Es así que infinidad de parejas, con tiempos considerables de relación, entran en la encrucijada de la ambivalencia y la indecisión. En algunos casos, ambos miembros de la pareja han sido testigos pasivos del desgaste que ha sufrido con el tiempo su vida en común; otras parejas han atravesado algún evento puntal que las ha conmocionado y puesto en crisis; en algunas más es uno de los miembros de la pareja quien empieza a experimentar la insatisfacción poniendo distancia del otro y rumiando en silencio la posibilidad de una separación. ¡Cuántos otros llevan varios intentos de solución!, algunos fallidos y otros desacreditados por su propia pareja.

No sobra decir que para que una pareja se constituya se requiere de la voluntad de dos personas, sin embargo basta con que una de las dos quiera terminarla para dar por finalizada la unión. Asumir esto es difícil, porque pareciera que un acuerdo tomado en común requiere del consenso de los implicados para modificarlo, pero no es así. De ahí la importancia de hacer hincapié en el hecho de que si tu pareja ya te ha pedido la separación, incluso el divorcio, no significa que te retires a las primeras de cambio y sin ninguna explicación, pero sí que cuestiones su proceso interno y su posibilidad real de cambiar dicha decisión.

Si tu caso es ya el planteamiento formal y categórico de tu pareja de irse, no estás en una situación de ambivalencia. Tu proceso tendría que marchar por el camino del duelo y de la aceptación, así como del perdón y la comprensión de lo sucedido. Tienes varias cosas que acordar y una vida por recomenzar. Ya lo dice el poeta: "el amor es eterno mientras dura", y cuando termina hay que saberlo dejar ir y continuar.

Quizá tú eres quien ha iniciado la retirada interna y dudas si irte o quedarte. ¿Será que es tiempo de continuar en silencio tu deliberación? ¿Acaso corresponde abrir el tema con tu pareja y ver si aún hay algo por trabajar? ¿Es momento de plantearle a un profesional lo que vives para que facilite tu clarificación y te acompañe en tu proceso de decisión?

Vivir en esta ambivalencia de continuar o terminar sin encontrar la salida a dicha encrucijada genera un desgaste físico, emocional y mental. Si experimentas este desgaste es posible que ya hayas intentando diversas salidas:

- Dejar de pensar en el problema por semanas evadiendo el malestar que te causa la duda que te atormenta.

- Pedir consejos a diestra y siniestra entre amigos y familiares sin poder clarificar si tu experiencia amorosa es buena o mala.
- Resaltar sólo lo positivo negando las deficiencias que se dan en la convivencia, o bien señalar sólo lo negativo sin tomar en cuenta lo que sí hay de valioso en tu relación.
- Quejarte con todo mundo de tu pareja pensando que el desahogo *per se* te llevará a alguna solución.
- Asesorarte con terapeutas, sacerdotes, rabinos, chamanes… buscando una solución, pero saltando de unos a otros sin enfocarte en un tema de reflexión y en un programa de acción.

La lista de pros y contras derivada de estos intentos de solución se puede hacer interminable, aumentando tu confusión y complicando la definición de tu situación. La ambivalencia sostenida tiene como efecto un distanciamiento con tu pareja: el alejamiento afectivo hace que vivas más como un observador de tu cónyuge que como un compañero de vida. Miras con atención y cautela lo que hace y lo que dice, evaluando en cada momento su actuar para "sumar o restar" puntos a su lista de cualidades y defectos. Esto finalmente deriva en una brecha entre ustedes que se deja sentir en asuntos concretos como: menos tiempo compartido, menos conversaciones interesantes, rituales y rutinas sin sentido, en síntesis, mayor enfriamiento de la relación.

A estas alturas del camino, el balance de lo positivo y de lo negativo se torna en un tormento que, lejos de facilitar una decisión, aumenta tu confusión. El cuestionamiento de irte o quedarte continúa, pero de manera más incisiva y perturbadora, creando una experiencia de desesperación y atrapamiento difíciles de tolerar. ¡Hay que detener este proceder con la conciencia de que con este método difícilmente lograrás una definición! Hacer una balanza interminable de lo "bueno y lo malo" es una trampa sin salida que se alimenta por el tobogán de la indefinición.

El tobogán de la indefinición

Una ambivalencia sostenida implica haber recorrido una y otra vez el tobogán de la indefinición. Entendemos que la decisión que estás por tomar no es fácil, pero es más complicado seguir descendiendo sin ruta precisa en busca de alguna mejor resolución.

A continuación te mostraremos cómo opera el tobogán de la indefinición para ver si reconoces sus etapas:

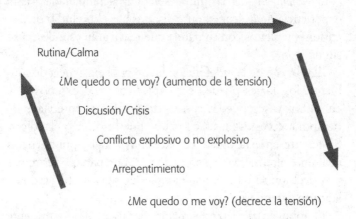

Rutina/Calma

¿Me quedo o me voy? (aumento de la tensión)

Discusión/Crisis

Conflicto explosivo o no explosivo

Arrepentimiento

¿Me quedo o me voy? (decrece la tensión)

La bajada en el tobogán de la indefinición comienza con un momento de calma o una rutina con tu pareja, y como paso siguiente se va gestando una lenta acumulación de tensión. Puede haber o no haber cuestionamiento sobre la permanencia en la relación; si lo hay, éste puede sumarse a la tensión o acelerar el proceso de descenso hasta alcanzar una discusión o una crisis. Generalmente, después de dicha discusión, se experimenta remordimiento y miedo, seguido por otro periodo de cuestionamiento, el cual va disminuyendo al mismo tiempo que baja la tensión. Se regresa a cierta "calma y a la rutina", en la que se puede permanecer un corto o un largo tiempo, hasta que algo vuelve a ocurrir desencadenando otro descenso. Cada descenso, tras atravesar este ciclo, va creando más frustración y más confusión.

A veces pareciera que sostenerse en la rutina es pisar "tierra firme" para evitar otra caída; sin embargo dicho proceder, que aporta una especie de tregua a la relación, generalmente va acompañado de la falta de comunicación que convierte la convivencia en una lastimosa soledad "acompañada". Esta experiencia de desconexión y distancia es el preludio de discusiones y pleitos con tu pareja que reavivarán este descenso sin fin.

El tobogán de la indefinición favorece la existencia de conflictos, los cuales pueden ser explosivos y no explosivos, y en ambos casos puedes sostenerte por largos intervalos de tiempo: a veces es más fácil pelear que resolver o claudicar. Sostenerte en esta dinámica hace muy difícil apuntar hacia cualquier alternativa de resolución, ya que para poder tomar una decisión se requiere la energía que se está utilizando en atacar o defenderte.

El tobogán de la indefinición de algún modo presenta un patrón de comportamiento que no es ajeno a la vida de cualquier pareja. La diferencia en casos como el tuyo estriba en: ¿Qué tan seguido ocurre? ¿Con qué intensidad? ¿Se llega a soluciones o sólo se evitan peores "resbalones"? ¿Qué efecto deja en los miembros de la pareja este círculo vicioso? ¿La pareja habla de estos temas? ¿Los temas conflictivos son generalmente recurrentes? ¿La indiferencia y la distancia que se producen tras los descensos van en aumento?

La energía invertida en esta dinámica impide cuestionar muchas de las premisas que obstaculizan la toma de decisiones haciendo que se pierda la esperanza. Pero, recuerda, por más desgastado que te encuentres, siempre hay un camino por elegir; en este caso concreto puedes irte, quedarte o transformar tu relación a través de un modelo que quizá nunca hayas contemplado. Deja de "patinar" sobre lo mismo y plantéate preguntas de fondo: ¿Qué razones me impiden permanecer en esta relación? ¿Puede cambiar? ¿Estoy exagerando? ¿Estoy enojado? ¿Aún lo/a quiero? ¿Lo/a deseo? ¿Voy a poder vivir con sus defectos? ¿Debo hacer hasta el último esfuerzo? ¿Todavía me gusta? ¿Está mal aconsejado/a o alguien influyó en él/ella? ¿Siento que todavía me quiere?

Explora también las razones que te impiden marcharte, no para salir corriendo sino para derribar prejuicios que te pueden tener atado: ¿Te da miedo la soledad? ¿Temes por tus hijos tras una separación? ¿Crees que no podrás llegar a un acuerdo económico? ¿Piensas que tu pareja se va a enojar y puede reaccionar muy agresiva? ¿Dudas de poder volver a tener una pareja? ¿Temes al qué diran? ¿Tu situación —física, material, laboral— te impide separarte? ¿Tu familia no lo va a aceptar?

Rumiando la posibilidad

En un estudio realizado en treinta y siete sociedades distintas, tanto los hombres como las mujeres situaban el amor o la atracción mutua en el primer lugar de la lista de razones para formar pareja. Hace sólo una generación las parejas que dejaban de amarse seguían en la relación por costumbre, por los hijos, porque la mujer no tenía otra opción… Pero hoy, a diferencia de antaño, se elige a un compañero de vida por atracción y por amor, y cuando esto se desgasta —por la razón que sea—, se empieza a rumiar la posibilidad de una separación.

Helen Fisher, antropóloga estadounidense, descubrió con las estadísticas de divorcio de la ONU que la mayoría de las parejas se divorcian en el cuarto año de relación. Ella piensa que esto se debe a que la biología impulsa a la pareja a mantenerse unida mientras el hijo es pequeño y por tanto vulnerable; después del cuarto año de relación, la mamá y el hijo —con base en la teoría evolutiva— no necesitan del padre. Si a esto agregamos que el fenómeno del enamoramiento dura aproximadamente tres años, no es casual que a partir del tercer o cuarto año de relación muchas parejas comiencen a rumiar sobre su malestar y, con ello, sobre la opción de separarse.

Existen tres etapas durante la consideración de un rompimiento:

1. Precontemplación
Cuando la noción de separarse recién comienza a desarrollarse. Generalmente esta etapa es muy personal: se reflexiona sobre la idea con uno mismo, si acaso la compartes con tu mejor amigo pero aún no con tu pareja. Comienzas a darte cuenta de que algo está mal en la relación, y reconoces que no estás contento con el tipo de vínculo que tienes. Este malestar no se trata solamente de que algo no te gusta de tu pareja —lo cual seguramente ya habías detectado en intercambios anteriores—, sino de la sensación global de que las cosas no están funcionando. Sientes que has cruzado una "línea sutil", sin embargo no lo catalogas como algo tan serio como para poner fin a la relación.

Las preguntas comienzan a ser sobre lo que te incomoda de la convivencia y el malestar que te genera. Del mismo modo cuestionas la distancia emocional que sientes con tu cónyuge y la necesidad de otro tipo de tratos, acuerdos y conversaciones que te hagan sentir mejor. Te cuestionas con frecuencia si te aburres en su compañía, si la calidad de tu vida sexual es buena, si la rutina los está absorbiendo, y prefieres evitar discusiones y pleitos que no te llevan a ningún lugar.

2. Contemplación

En esta segunda etapa se siente una necesidad más seria de considerar la terminación de la relación, pero quizá también se requiere de mayor información para tomar una decisión definitiva. Muchas personas en esta etapa por primera vez comparten con alguien cercano el malestar que les aqueja; algunos visitan a su guía espiritual, van a terapia o consultan incluso a un abogado.

Situarse en la contemplación aumenta la confusión mental y afectiva, así como el desgaste físico y emocional, ya que rumiar la posibilidad real de dar este paso ocupa gran parte de la energía personal. Si te encuentras en esta etapa puedes estar teniendo efectos en tu vida que mermen tu rendimiento laboral, descuiden tus labores cotidianas y te desconecten de tus seres queridos. Del mismo modo puedes mostrar poco interés en cualquier otro tema o proyecto que no apunte hacia definir tu situación. Es muy importante estar consciente de estos efectos para ser cuidadoso de no quitarles toda la atención a tus hijos, en caso de que los tengas.

En algunos casos los sentimientos de fracaso y miedo aparecen por primera vez. Día a día la situación cambia generando ansiedad y falta de atención. Estos síntomas, si bien son desagradables, también son indicadores de que avanzas en tu camino de definición: no es sencillo atravesar por el maremágnum interno que implica esta resolución.

3. Poscontemplación

Es la etapa final del proceso y tiene tres salidas posibles:

a) Quedarte en la relación y dejar de cuestionar la posibilidad de una separación. Decisión en la que corresponde hacer cambios significativos al interior de la pareja para evitar que en un futuro te encuentres nuevamente en la disyuntiva de irte o quedarte.

b) Dejar la relación. Elección que atenúa de momento la sensación de ansiedad e indecisión, pero que abre la necesidad de enfocarte en un sinfín de pequeñas y grandes definiciones de las cuales depende que la separación y el cierre transcurran exitosamente. Recuerda que esta etapa requiere de mucha atención, pues tus elecciones, además de tener efectos en tu vida y en la de tu pareja, repercutirán en otras personas que están a tu alrededor.

No serás el primero ni el último que transite este proceso, hoy hay infinidad de buenos ejemplos a seguir. De cualquier modo conserva la calma y reflexiona para que actúes con integridad.

c) Por último queda la opción de seguir cuestionándote sobre si debes quedarte o no. Con esta última alternativa no se toma una acción para encontrar una solución, por lo que la confusión y el dolor siguen presentes y en aumento. Situarte aquí equivaldría a continuar en el tobogán de la indefinición. Sostenerte en una indefinición puede significar que el miedo a la separación o al divorcio no te permite decidir, por lo que es importante que hagas un análisis honesto de tu relación. Lo más probable es que descubras que la vida amorosa, cariñosa y sexual que existió alguna vez con tu pareja ha concluido; por tanto tendrías que reconocer que no sientes —en el mejor de los casos— más que un cariño y agradecimiento que no es suficiente para continuar una vida en común. ¿Por qué no tomar la decisión de irte? ¿Por qué seguir en esa relación?

En la precontemplación generalmente se busca una solución dentro del matrimonio, mientras que estando en la contemplación o poscontemplación se considera más de cerca la separación o el divorcio como solución.

No sobra mencionar que el contexto social y la edad que tengas se convierten en factores importantes a la hora de definirte: las mujeres más jóvenes integran con mayor facilidad la posibilidad de divorciarse sin verlo como un fracaso. Para mujeres mayores de cuarenta y cinco años el divorcio sigue siendo estigmatizado socialmente como un fracaso. Existen familias extensas donde los padres aún reprueban una separación y les dan la espalda a los hijos que toman esta opción.

Por otro lado, influye de igual modo el ámbito social en el que te mueves: vivir en una sociedad conservadora —como lo es la mayoría de la población mexicana— donde se sobrevalora la vida de pareja y el matrimonio, hace mucho más difícil tomar la decisión de separarte, aun en casos de situaciones extremas donde la posibilidad de terminar es una oportuna elección.

Afortunadamente, no todo mundo tiene prejuicios sobre los rompimientos amorosos; hay quienes connotan el divorcio como lo que es: una posibilidad de poner fin a una relación pobre, lastimosa o destructiva, asumiendo que si bien es un proceso doloroso, su buen manejo puede abrir alternativas para una vida mejor.

Por todo esto es importante que te cuestiones cómo defines tú la posibilidad del divorcio, no para decidirte por ella a las primeras de cambio y con una actitud de ligereza, pero sí para no resistirte a ella de manera prejuiciosa en caso de que fuera una opción necesaria de considerar.

Tengo miedo...

Muchas veces los miedos impiden soltar una relación donde el amor ha muerto: miedo a quedarte solo, a no volver a rehacer tu vida de pareja, al qué dirán, a bajar tu nivel de vida, a renunciar a ver diario a tus hijos, o bien a cargar con casi toda la responsabilidad de tener que educarlos.

Los miedos son la principal causa por la cual las personas no pueden tomar una decisión en torno a su vida amorosa. Si bien parte de esta reacción es normal —muchas veces vivimos entre el pasado y el futuro, entre el recuerdo y la imaginación—, terminamos teniendo miedo al miedo y nos paralizamos.

El miedo es la ansiedad provocada por la anticipación de un peligro. La impotencia y el miedo se mezclan en tu vida cuando ante las dos posibilidades —irte o quedarte— sientes que ninguna representa una buena salida. Esto te pasma dejándote en una terrible sensación de atrapamiento. La sensación de falta de control ante el desconocimiento del camino que está por venir te puede estar generando una sensación de indefensión.

Otro asunto atemorizante es el miedo a los conflictos. ¿Cuántas veces no has evitado una conversación para evitar la confrontación? ¿Por qué te resistes a sugerirle a tu pareja una consulta o una terapia? ¿Cuánto tiempo dejarás pasar antes de afrontar todo este temor?

Vencer el miedo a tomar una decisión requiere de una valentía sostenida en el tiempo. Cuando hablamos de valentía no estamos hablando de la que se necesita para ir a la guerra o para pelear; nos referimos al tipo de valentía que permite resolver las dificultades. Ser valiente es actuar con justicia y decisión, es tolerar la incertidumbre y cierto descontrol, es ser fuerte y al mismo tiempo prudente y compasivo. El valiente actúa entre las contradicciones que le plantea la vida, sabiendo que habrá algo a lo cual renunciar en la decisión que tome, sea cual sea, pero confiando también en que algo bueno está por conquistar...

CUADRO DE VALORACIÓN

Comenzando el recorrido mental

A. TRABAJO INDIVIDUAL

1.	¿La ambivalencia respecto a continuar o terminar la relación es una constante en tu día a día?	sí	no
2.	¿La ambivalencia que experimentas genera mayor distancia con tu pareja?	sí	no
3.	¿Te encuentras constantemente comparando en una balanza los aspectos positivos y negativos de la relación con tu pareja sin llegar a ninguna conclusión?	sí	no
4.	¿Experimentas con frecuencia el ciclo de indecisión?	sí	no
5.	¿Ha aumentado la intensidad de las discusiones y de las crisis?	sí	no
6.	¿Ha aumentado el silencio y la distancia por desesperanza o miedo?	sí	no
7.	¿Te sientes debilitado y cansado por la repetición del ciclo de indecisión?	sí	no
8.	¿Al rumiar la posibilidad de dejar tu relación te ubicas en alguna de las etapas más avanzadas como contemplación o en la poscontemplación?	sí	no
9.	Si no te detuvieran creencias rígidas sobre el divorcio, la "ruptura" del núcleo familiar, el enojo de seres queridos si te separas, el "castigo" de la sociedad o un ser superior, ¿ya te habrías ido?	sí	no

Reflexiones

Conclusiones

2. ENTENDIENDO TU RELACIÓN ACTUAL

El amor tiene fácil la entrada y difícil la salida.
Félix Lope De Vega

El amor no consiste en mirarse el uno al otro,
sino en mirar juntos en la misma dirección.
Antoine de Saint-Exupéry

"Dime con quién estás y te diré por qué estás ahí"

Las personas cambiamos con el paso del tiempo, y por eso nuestras razones para estar juntos en una vida de pareja pueden llegar a agotarse. Ante esto tenemos generalmente dos opciones: la relación puede actualizarse de manera que sus miembros encuentren y acuerden otras razones para permanecer unidos, o bien —cuando las historias, los deseos, los intereses, incluso los valores de cada uno cambian tanto— decidir terminar en tanto que se hace muy pobre e incluso incompatible la vida en común.

Para continuar el trayecto que perfilará tu decisión sobre irte o quedarte con tu pareja actual, es necesario que primero comprendas por qué decidiste crear esa relación. Es difícil, si no imposible, moverse adecuadamente de cualquier espacio si no se tiene claro el terreno que se está pisando. Por esto, es importante reconocer los motivos que te impulsaron a formar esta pareja y entender —desde los comienzos de la relación— aspectos de la crisis que estás viviendo hoy.

Comprender cómo llegaste hasta aquí y encontrar alguna explicación de lo que está ocurriendo son herramientas que te liberarán de culpas y confusiones, favorecerán la adopción de una postura, y finalmente facilitarán la toma de una decisión. Por ello te invitamos a que te dispongas, a través de la lectura de las siguientes líneas, a entender cómo y por qué nos atraemos los seres humanos al punto de crear un vínculo de pareja particular.

El comienzo del amor…

Describíamos en el capítulo anterior cómo inició la vida de pareja. Insistimos en que no sólo somos seres gregarios y necesitamos de alguna manera del otro para vivir, sino que también la atracción física es parte de nuestra naturaleza biológica. Como seres sexuales que somos, desarrollamos vínculos a través del ejercicio de nuestra dimensión erótica: sobre la dimensión básica de la sexualidad humana que genera placer se asienta el erotismo —uso cultural que damos los humanos al sexo—, sobre el erotismo se asienta el enamoramiento, y sobre éste se construye el amor. Es así que surge el amor como fenómeno.

La atracción física y sexual actúa como un imán poderoso que une a dos personas. Algunas personas hacen pareja primordialmente por esta razón; sin embargo, si no existe una conexión más significativa que incluya sueños, necesidades, intereses y valores comunes, es probable que la relación no sea duradera ni satisfactoria.

En la actualidad la pareja no se construye, como hace unos pocos siglos, sobre la necesidad de la reproducción, de la producción y de la sobrevivencia, imperativos que eran razones suficientes para llevar a cabo un contrato matrimonial. Si bien hoy permanece entre las personas el deseo de vivir en pareja, la constante de este anhelo es más la búsqueda de una relación que abra opciones en la vida, que genere una seguridad básica y nutra de compañía y bienestar, que el de producir, sobrevivir y reproducirse.

Hoy privilegiamos el gusto por estar con el otro, la necesidad de un intercambio de ternura y afectos, el acompañamiento solidario en la vida cotidiana y el disfrute común del erotismo y la pasión. El eje de la vida amorosa ha cambiado, pero parece que no ocurre lo mismo con el deseo por emparejarse.

Si bien el amor es el factor más importante que mantiene unidas a las parejas en la actualidad, en nuestra sociedad el concepto de amor conlleva grandes expectativas que predisponen a que aparezcan conflictos en cualquier relación. La esencia del amor, observada en los deseos vehementes y las esperanzas latentes de las personas, consiste en que el ser humano nace "incompleto" y se mantiene en una lucha interior constante para llegar a ser más "completo". Visto desde esta perspectiva, el amor no se equipara con la felicidad, sino más bien con un grado suficiente de satisfacción y un camino certero de autorrealización. Así, encontrar pareja, vivir en pareja, tener pareja, no nos puede ahorrar del todo ni el sufrimiento ni algo de soledad.

Las relaciones amorosas no son, por tanto, totalmente armónicas y menos aún altruistas: tienden a ser, en el buen sentido de la palabra, "egoístas y tensas". En una relación amorosa se encuentran dos seres que buscan, son imperfectos y se sienten insatisfechos; a través de su intercambio afectivo esperan hacer realidad su potencial personal, así como abrirse camino hacia nuevos desarrollos. Por tanto, en la vida de pareja se percibe el deseo explícito de la vida en común, pero coexiste a un nivel más o menos consciente el llamado al crecimiento.

Con éste sí, con éste no

Es claro y evidente que no podemos generar compatibilidad con cualquier persona. Como mencionamos antes, en la base de los encuentros amorosos generalmente está el gusto físico y la atracción sexual, pero a esto le podemos sumar tres razones principales por las que se unen dos personas y permanecen juntas, generando entre ellas un acoplamiento más sutil y permitiéndoles lograr alguno o varios de tres cometidos básicos: sentir confort, encontrar un equilibrio y sanar heridas anteriores.

1) **Sentir confort:** Como seres humanos, tenemos un "imán" inconsciente que nos dirige hacia cualquier persona, cosa o circunstancia que nos dé un sentimiento de familiaridad y confort. Independientemente de que el rasgo o la característica que veamos en la otra persona o situación sea constructivo o no para nosotros, si no nos es familiar lo rechazaremos y, por lo contrario, si nos resulta habitual o conocido, es probable que nos llame la atención y nos atraiga. Esta familiaridad se da a partir de un rasgo o ambiente con el que muy probablemente crecimos y con el que estamos acostumbrados a vivir.

Es sabido que aunque conscientemente nos quejemos de actitudes y características de nuestra pareja, a nivel inconsciente sólo hacemos "colusiones" con aquellas personas con las que embonamos psíquicamente. Todos necesitamos algún tipo de confort para sentirnos seguros y para crecer. Sin embargo, buscar y permanecer en una zona de demasiada comodidad nos impide madurar emocionalmente. ¿Por qué?

- Porque no desafiamos estructuras, creencias y patrones que pueden ser obsoletos en nuestra vida presente.
- Porque la comodidad extrema nos impide "estirar" nuestra personalidad probando cosas nuevas y corriendo ciertos riesgos medidos que pueden abrirnos posibilidades que aún no hemos llegado a conquistar.
- Porque tememos experimentar la dosis de ansiedad necesaria que requiere cualquier proceso de transformación.

Tarde o temprano el estatus de confort se rompe por algún acontecimiento interno o externo a la pareja y se desajusta la relación.

2) **Para encontrar un equilibrio:** Las razones por las que hemos escuchado que "los opuestos se atraen" o que "los iguales se atraen" son exactamente las mismas: todo ser viviente en la naturaleza busca una homeostasis, es decir, estabilidad para seguir vivo y funcionar adecuadamente. Los humanos y las relaciones humanas no son una excepción.

Una persona relativamente balanceada será atraída por otra persona igualmente balanceada, por no decir madura, autónoma y con buena autoestima. Por el contrario, aquellos individuos que se encuentren fuera de equilibrio, buscarán a una pareja que creen que los pueda ayudar a llegar a lograr el equilibrio deseado. Cuando encuentran a dicha persona, logran estabilidad, por precaria que sea, limitando así su capacidad de pararse "por sí mismos" como individuos equilibrados. Es entonces cuando se da una dinámica turbulenta al interior de la relación: la extrema necesidad del otro me obliga a retenerlo para no sentir que puedo caerme o tropezar.

Cada persona posee niveles diferentes de todos los rasgos humanos —unos más desarrollados, otros en potencia de ser explorados y trabajados—: la combinación de éstos, el temperamento personal y el aprendizaje del entorno, son lo que nos distingue de los demás individuos y nos hace desplegar de manera diferente nuestras potencialidades.

En términos generales, una persona equilibrada puede hacer uso variado de diversos rasgos y características: dar y recibir, ser extrovertida a veces y otras introvertida; puede expresar de manera conveniente una gama muy amplia de emociones, aceptar cuando está mal o se equivocó, al igual que aceptar una alabanza por un trabajo bien hecho; puede mostrarse activa, pero si es necesario también puede detenerse y descansar.

Ser una persona equilibrada no necesariamente significa utilizar y mostrar siempre y por igual todos los rasgos y características que la distinguen: insistimos en que son muchos los factores que entran en juego en la configuración de nuestra personalidad; de cualquier modo, lograr una estabilidad y madurez básica sí requiere reconocer e integrar la diversidad de emociones, reacciones y conductas posibles que se poseen, y aceptar que todas ellas son parte de nuestro acervo humano personal.

Cuando dos personas se unen en pareja forman un sistema. Este nuevo sistema se construye con la combinación de los rasgos y las creencias de ambos amantes creando una entidad completamente nueva que se refleja en la interacción de la pareja: tu pareja inconscientemente activará ciertos rasgos en ti, con mayor o menor intensidad, dependiendo lo que le funcione mejor para que su sistema esté más equilibrado. De igual manera, tus rasgos complementarán o contradirán diferentes rasgos en tu pareja.

Generalmente estamos muy conscientes de las diferencias entre nuestra pareja y nosotros, pero casi siempre se nos olvida que desde un inicio nos elegimos mutuamente para encontrar un equilibrio en estas diferencias. La unión nació de un deseo sano y natural de lograr un intercambio estabilizador. Encontrar un balance, sin embargo, se puede volver destructivo cuando ambos se envuelven en una dinámica inconsciente de polarización, es decir, de mantenerse en su propio extremo, demandando sin respeto que el otro aporte lo que a uno le sirve por no atreverse a abastecerse autónomamente de lo que necesita y aceptar lo que el otro no puede dar.

3) **Para sanar heridas anteriores:** La tercera y última fuerza que conecta íntimamente a dos personas es la necesidad de sanar heridas anteriores. En varias ocasiones el individuo puede considerar como posible causa del rompimiento la forma en que lo trata su pareja, ya sea porque es abusivo y demandante, o sobreprotector y meloso. Lo que estas personas difícilmente alcanzan a ver es que esas situaciones que viven con su pareja pueden impulsarlas a descubrir heridas pasadas que quizá no sabían que existían y que seguían vivas en el interior de su ser.

Usualmente la dinámica que creamos con nuestra pareja es o muy similar o por completo opuesta a la dinámica que existía en nuestra familia de origen. Para bien o para mal —generalmente por ambas razones—, aprendimos a relacionarnos con nuestra familia de una manera particular, la cual ahora utilizamos en nuestras relaciones más cercanas e íntimas: en particular con nuestra pareja y nuestros hijos.

El tipo de relación establecida con tus padres: la manera de lidiar con el enojo, el rechazo, el amor y la intimidad, son factores que han influido en tu elección amorosa. Si logras distinguir en tu relación actual algo que no habías tomado en cuenta, estarás agregando a tus "herramientas de vida" un elemento de autoconocimiento que te facilitará la comprensión de lo que estás atravesando con tu pareja, así como la posibilidad de tomar una buena decisión.

Insistimos en que estas dinámicas suelen suceder de manera inconsciente: generalmente recreamos con nuestra pareja patrones similares a los que teníamos con uno de nuestros padres, en particular con aquel que quedaron "tareas pendientes", anhelos frustrados y dolores ocultos. Así, la dinámica de pareja en un escenario que trae el pasado y abre la posibilidad de trabajarlo hoy. Por eso, de algún modo en la relación de pareja esperamos poder sanar y superar esa situación.

Como podrás observar, los cometidos mencionados se interrelacionan y se mezclan al momento de elegir pareja; incluyen de alguna manera el concepto que tenemos de nosotros mismos, los modelos de relación que nos resultan conocidos y las creencias que hemos introyectado de lo que es el amor, la pareja y la vida familiar. No sólo nos vinculamos con alguien para cubrir esos deseos y necesidades propias; la idea de poder ayudar al otro en el hallazgo de su camino puede también ejercer una atracción especial. Se quiere acompañar al otro a realizar lo que es en el fondo, a sanar sus heridas, a lograr su bienestar. Pocas cosas generan más satisfacción que ser el refugio y el deseo de la pareja.

Así confirmamos que la vida de pareja es un permanente intercambio: sus miembros no están el uno para el otro de forma incondicional sino que estimulan mutuamente su propio desarrollo. No sólo se dan apoyo recíproco, sino que se plantean expectativas. ¡Los miembros de la pareja suelen ser los críticos mutuos más agudos!: desbaratan las tendencias personales a evitar inconvenientes y a capotear confrontaciones. Es difícil que reaccione diferente el uno frente al otro, pues son afectados personalmente por la conducta y la acción de su pareja.

El análisis de la crisis de pareja puede ser de gran provecho para el crecimiento personal si se pone atención en estos mecanismos que están en la base del encuentro con el otro. La relación de pareja es un espejo de quienes somos, y por tanto un estímulo importante para la conquista de la madurez, más allá de que la relación termine o pueda continuar.

Rompiendo patrones

¿Cómo acostumbras vincularte con tu pareja? ¿Qué tipo de patrón repites? Los motivos por los cuales te emparejas y de los cuales hemos hablado en los párrafos anteriores se despliegan en patrones concretos que rigen la dinámica de tu relación.

Detectar el patrón que actúas con tu pareja te dará una comprensión de los efectos que éste genera en ti. Revisemos algunos patrones relacionales:

1) **Patrón de dependencia:** Consiste en recargarse el uno en el otro debido a una necesidad permanente de ayuda, consejo y acompañamiento para moverse y tomar decisiones. A veces es agradable por la sensación de apoyo

que brinda, pero también limita y cansa. Cuando alguien trata de moverse, cambiar o crecer, incomoda al otro, que está apoyado en él, por lo cual se evita su evolución en tanto que desestabiliza la relación.

2) **Patrón sofocante:** Queda explicado con frases como: "Tú y yo somos uno mismo" o "Quiero vivir contigo para siempre". Se trata de una relación fusional: hemos de pensar, sentir y actuar de igual forma. La fusión da una sensación temporal de totalidad y completud pero al final asfixia, dado que en primera instancia somos individuos y luego nos conformamos como pareja. Se requieren espacios para crecer, se necesita cierta distancia para mirarse el uno al otro, reconocer las diferencias y cultivar el amor. La relación sofocante es propia de la etapa del enamoramiento o de la "luna de miel" de la relación, pero sostenerla en el tiempo tiene costos severos para la autonomía de las personas y para la calidad de la interacción.

3) **Patrón de pedestal:** Uno de los miembros de la pareja desarrolla una extrema admiración por el otro, al punto de subirlo a un "pedestal". No se ama al otro por lo que es sino por la imagen idealizada que se ha construido de él, por lo cual se desea que permanezca en ella para seguirlo amando. Habla más de una necesidad de que el "otro" me dé seguridad, admiración y estatus, que de una relación igualitaria con los "pies en la tierra". Una relación entablada más con una imagen que con la persona misma es insostenible y tiende a desplomarse.

4) **Patrón de amo y sirviente:** Un miembro tiene una personalidad dominante y requiere someter al otro, controlarlo y poseerlo. Esto en el mejor de los casos genera una lucha de poder que en sí misma dificulta la comunicación y la intimidad en la relación. En el caso opuesto,

donde el "sirviente" se deje someter, la relación deja por completo de ser humana y humanitaria: el cónyuge se convierte en un objeto de uso y consumo para satisfacer las necesidades del "amo". Es una relación violenta.

5) **Patrón de atadura:** Es común en las parejas muy convencionales. Los miembros acuerdan —explícita o implícitamente— no separarse, aunque el intercambio amoroso a todos niveles sea pobre o nulo. No hay comunicación ni expresión de amor, pero el compromiso se sostiene por razones de conveniencia, por miedo a la soledad o por el hecho de privilegiar la vida "familiar". Es común poner el pretexto de "no dañar a los hijos" para sostener este tipo de relaciones que con el paso del tiempo generan mucho resentimiento, estancamiento y desazón.

6) **Patrón de mártir:** Un miembro se sacrifica completamente por el otro y trata de servirlo. El otro, ¿cómo puede enojarse con quien hace todo por él? El mártir también es otra faceta del manipulador y controlador.

7) **Patrón equilibrado:** Este tipo de relaciones sería el modelo al que todos aspiramos. Una pareja equilibrada se constituye de dos personas completas, contentas consigo mismas, que se apoyan mutuamente sin recargarse de más en el otro. Si bien cada uno es capaz de vivir su propia vida de forma autónoma, quieren compartir su abundancia con otra persona. Eligen estar juntos porque lo desean, se pueden distanciar y tener sus propios espacios —trabajos, proyectos, amigos, gustos— sin que eso trastoque un proyecto de vida común. Si bien se acompañan en sus necesidades no se cuelgan el uno del otro. La relación abre puertas para los dos, el amor que se tienen los construye como personas.

Algunos de estos estilos de relaciones pueden parecer exagerados y caricaturescos. Sobra decir que son bastante más comunes de lo que uno se imagina. ¿Te identificas con alguno de ellos? Si físicamente representas cada una de las posturas que se describen, adoptando por tres minutos las posiciones indicadas, sentirás corporalmente lo que implica ese tipo de relación.

Haz el ejercicio y pregúntate: ¿Qué posición representa mi relación? ¿Las posiciones me hacen entender algo de lo que ocurre en mi vida de pareja? ¿Descubro algún patrón interaccional del que no tenía conciencia? ¿Encuentro algo que hasta hoy no había podido detectar?

Los patrones mal adaptativos en una relación no ocurren de un día para otro ni por la actuación de uno de los individuos nada más: es un ciclo que involucra la acción y reacción de ambos. Una vez que entendemos cómo y por qué se crearon, podemos comenzar a desarmar esa dinámica. Pregúntate qué te ha movido a sostener tu relación de pareja: ¿Sentir confort? ¿Lograr el equilibrio? ¿Sanar una herida temprana?

Intentando comprender al otro

Cada individuo ha sido influido de una manera única: por su genética, por su historia personal, por su contexto cultural y social; por eso, dependiendo de la perspectiva que tengas verás los eventos de una manera diferente a todas las personas que te rodean. Es fácil y tentador asumir que los otros están equivocados, pero ¿por qué no, en lugar de saltar rápidamente a esa conclusión, pruebas preguntarles a los demás cómo y por qué ven las cosas de esa manera? Un diálogo de este tipo te permitirá conocer de forma distinta a otras personas y al mismo tiempo ampliar tus propios horizontes.

Esto ocurre del mismo modo con tu pareja. Cada uno ve los acontecimientos desde un punto de vista diferente basado en sus experiencias pasadas. Tu voluntad y habilidad para examinarte a ti mismo y cambiar viejas maneras de pensar y reaccionar traerá consigo cambios positivos en tu vida en general y quizá en tu relación en particular.

Puede ser extremadamente desafiante romper y cambiar la forma en la que te relacionabas contigo mismo, con los demás y con el mundo en general. Se necesita tener la voluntad de examinarte profundamente y lidiar con la incomodidad que se experimenta al cuestionar pasadas creencias concebidas como "verdades universales" para luego escoger nuevos comportamientos. No obstante, cuando comiences a ver cuánto pueden cambiar las dinámicas en todas tus relaciones si abres nuevas posibilidades, experimentarás las recompensas que estos cambios usualmente traen consigo.

Es verdad que no puedes cambiar a nadie más que a ti mismo; pero cambiar tus acciones y reacciones puede influir a las personas que están a tu alrededor. Cualquier convivencia duradera y constructiva exige una gran aptitud para manejar diferencias de opinión y capacidad para enfrentarse el uno al otro. Las parejas son los críticos más aptos y los provocadores más implacables porque cada uno está afectado directamente por el desarrollo del otro. Por regla general es acertado lo que se reprochan mutuamente, aunque sólo a la vista del otro. Los miembros de la pareja son el uno al otro la voz del aspecto escondido que impulsa al crecimiento personal.

Las crisis en las relaciones amorosas aparecen normalmente cuando uno o los dos miembros de la pareja se cierran a desarrollar temas pendientes que se reflejan en su relación. La clave de esta encrucijada es entender que generalmente sólo se necesita que cambie un individuo para promover el cambio en la dinámica de la relación. ¿Será que entendiendo los patrones de tu relación hay algo que aún puedas hacer por cambiarlos y que algo mejore?

Generalmente pensamos que los problemas que se nos presentan se deben al comportamiento de nuestra pareja, y que nuestras acciones y reacciones están perfectamente justificadas. Es fácil ver los errores del otro y pasar por alto los propios. Sin embargo, en toda dinámica relacional hemos de entender que nosotros jugamos una parte muy importante en la repetición y el mantenimiento de los patrones mal adaptativos, de lo contrario seguiremos perpetuándolos.

¿Por qué no has dejado de "bailar la danza" de tu relación? ¿Por qué no has superado, transformado o abandonado esa interacción? A veces, sutilmente, nos involucramos en relaciones muy desiguales donde el poder del otro, ya sea social, económico, físico o emocional, nos va sometiendo, asustando y restando libertad. Pero aun si te sientes atrapado en una relación destructiva puedes pedir ayuda y descubrir que nunca te habrías enganchado con alguien que "no bailara una danza similar a la que bailas tú". Esto no significa que tú seas responsable del maltrato o del abuso recibido, pero sí que puedes procurar abrir la situación, denunciar, pedir ayuda y recuperar tu paz y equilibrio personal.

Cuando uno se comporta diferente o introduce en la propia conducta un cambio sostenido —por pequeño que éste sea—, la gente a nuestro alrededor reacciona de manera distinta también. Esto ocurre de igual modo en la vida de pareja: introducir una diferencia en nuestras acciones genera diferencias en la relación. Pon cuidado especial a cualquier movimiento que pretendas hacer si éste pone en riesgo tu integridad física y emocional: no te aventures solo, ¡pide ayuda!

Es importante señalar que si pretendes cambiar no debes hacerlo con el único objetivo de cambiar a tu pareja, sino también para encontrar el equilibrio y la riqueza que hay dentro de ti. Como respuesta a tu movimiento tu pareja decidirá si quiere y puede acompañarte en la creación de un vínculo más constructivo, y si lo que atraviesan no son situaciones particularmente complejas como el abuso, las adicciones, la violencia y las psicopatologías graves, podrán trabajar juntos en salvar la relación.

Una vez que inicies el cambio es importante estar atento a los resultados que se producen y, de ser posible, dialogarlo con tu pareja para juntos favorecer la transformación. Si es sólo uno de los miembros de la pareja el que carga con la responsabilidad de hacer todo el trabajo por cambiar el patrón mal adaptativo y salvar la relación, tarde o temprano se sentirá exhausto y enojado al no ver cambios ni en su pareja ni en su vida en común. Por eso, si después de implicarte seriamente en este proceso —quizá acompañado por un buen amigo, familiar, incluso por un profesionista que te dé apoyo y retroalimentación— notas que el interés de tu pareja es nulo, deberás pensar seriamente si vale la pena sostener este intento o si desperdicias energía tratando de salvar algo que prácticamente ya se agotó.

En tal caso, no te desanimes pensando que todo tu esfuerzo ha sido en vano; recuerda que conocerte y entender la relación que has construido es una parte del camino que inicias y una herramienta de superación.

CUADRO DE VALORACIÓN

Entendiendo tu relación actual

A. Trabajo individual

1.	El confort que algún día te generó tu relación de pareja ¿hoy te crea más malestar que bienestar?	sí	no
2.	El equilibrio que te daba tu vida de pareja ¿hoy es precario y desbalanceado?	sí	no
3.	El intento inconsciente por sanar heridas del pasado con tu pareja ¿hoy crea una dinámica más lastimosa que sanadora?	sí	no
4.	Tras revisar las razones por las que elegiste a tu pareja, ¿las sientes hoy insuficientes como para continuar a su lado?	sí	no
5.	¿Te cuesta trabajo comprender y respetar los puntos de vista de tu pareja?	sí	no
6.	Consciente de que tu actuar genera parte del conflicto, ¿consideras que has hecho suficientes cosas e intentos por cambiar la interacción desgastante?	sí	no
7.	¿Tu pareja se burla o se opone de algún modo a tus intentos de cambio personal?	sí	no
8.	¿Tu pareja se burla o se opone de algún modo a tus propuestas para mejorar la relación entre ustedes?	sí	no

B. Trabajo de introspección

Reflexiones

Conclusiones

3. RECONOCIENDO TUS DESEOS Y NECESIDADES

> Lo que determina la separación no es
> tanto el motivo como la motivación.
> ANTONI BOLINCHES

Tras cuestionar el tipo de relación que has construido a lo largo de estos años de vida de pareja es importante que te adentres a revisar el nivel de satisfacción que experimentas en tu vida en general y en tu relación en particular. Quizá el dilema que atraviesas entre permanecer o marcharte de tu actual relación tiene que ver con requisitos internos básicos que surgen desde tus deseos y tus necesidades, los cuales pueden estar reflejados en tu motivación. La mayoría de las personas necesitan de una motivación concreta para poder tomar cualquier decisión, ¡qué decir para elegir irse o quedarse en una relación!

Todos conocemos casos de violencia en la pareja donde los efectos de una interacción tan destructiva dificultan vislumbrar caminos de solución. Por otro lado, también hemos sido testigos de parejas que atraviesan problemas menores que afectan su convivencia y que por un orgullo mal entendido no invierten su energía en buscar alguna solución. A pesar de las obvias diferencias entre las dos situaciones, en ambas podemos notar que la falta de motivación para salir de esas penosas dinámicas es un factor contundente que imposibilita activar el cambio. Pareciera entonces que el miedo que nos representa optar por la permanencia en la pareja o bien por una puerta de salida a la misma se resolvería encontrando una motivación adecuada que nos impulsara a actuar.

Para vivir como quiero, requiero...

Los seres humanos tenemos un sinnúmero de necesidades, no todas con la misma urgencia y prioridad. Por ejemplo, si nuestras necesidades físicas no son saciadas, podemos literalmente morir; no es el caso de las necesidades emocionales, las cuales al no ser satisfechas generan una inmensa frustración, dolor e insatisfacción —queja de infinidad de personas y de vidas con poco sentido—, y por esa razón hay quienes llegan a enfermar tanto en lo físico como en lo emocional, pero no necesariamente a morir.

Los seres humanos somos seres interdependientes: dependemos de otras personas para que se satisfagan algunas de nuestras necesidades; esto sucede inevitablemente en la infancia —cuando requerimos de infinidad de cuidados para poder sobrevivir—, sin embargo con el paso del tiempo aprendemos a gestionar cierta autonomía logrando un intercambio con nuestro entorno: colaboramos en satisfacer las necesidades de los demás y los otros apoyan en la satisfacción de las nuestras.

Las personas que tienen tropiezos en su camino hacia la madurez desarrollan un grado mayor de dependencia en la satisfacción de sus necesidades: algunas de ellas generan relaciones desafortunadas y destructivas subordinando su vida al abastecimiento que otros les quieran dar. De cualquier modo todos tenemos necesidades y todos requerimos del intercambio social para satisfacerlas de manera general.

Abraham Maslow, psicólogo estadounidense conocido como uno de los fundadores de la psicología humanista, desarrolló un triángulo al que llamó "jerarquía de necesidades", mejor conocido como la pirámide de Maslow. Maslow afirmó que las necesidades humanas son progresivas y que van desde la base de la pirámide hasta la cúspide de la misma, en una escala de mayor complejidad y sofisticación.

Maslow descubrió, a través de un experimento con chimpancés, que mientras mayor sentido de supervivencia tenía el animal estudiado, la necesidad de sobrevivir se reflejaba en conductas de agitación y agresividad. Concluyó, tras diversas observaciones y conjeturas, que el comportamiento de los seres humanos se vuelve individualista y egoísta en los estadios más básicos de la pirámide, y por el contrario, mientras la necesidad insatisfecha corresponde a niveles superiores, se muestra más interrelacional y cooperativo.

Maslow identifica a las primeras cuatro necesidades como "necesidades de deficiencia", aquéllas que deben ser satisfechas para tener una plataforma básica de tranquilidad y seguridad. La quinta necesidad es considerada una "necesidad de crecimiento", la cual es de menor vitalidad para nuestra supervivencia, pero de mayor importancia para nuestra realización y crecimiento como seres humanos.

1) **Necesidades fisiológicas.**

El primer y más básico nivel son las necesidades fisiológicas; éstas tienen que ver con poder satisfacer necesidades de sobrevivencia, por ejemplo agua, comida, respiración, descanso, evitación del dolor, equilibrio de la temperatura corporal, eliminación de desechos. Sin la satisfacción de estas necesidades básicas moriríamos.

Sobra señalar que en México existe un alto porcentaje de nuestra población que aún carece de la satisfacción elemental de estas necesidades primarias.

2) **Necesidades de seguridad.**

Una vez resueltas las necesidades fisiológicas podemos enfocarnos en las necesidades del siguiente nivel, que son las necesidades de seguridad. Éstas incluyen diversos aspectos: seguridad física, como un refugio que nos proteja del clima, de los animales e incluso de ciertos humanos; seguridad de salud, que implica contar con lo indispensable para conservar una situación de vida saludable. También está la seguridad de recursos, que consiste en disponer de la educación, los medios de transporte y la sanidad necesaria para vivir con dignidad. Finalmente aparece la necesidad de proteger nuestros bienes y activos, como serían nuestra casa y nuestro dinero.

Nuevamente, un grupo importante de mexicanos no cuenta con estas seguridades, ni qué decir de la certeza de no ser víctimas de violencia en nuestro país.

3) **Necesidades sociales.**

Las necesidades sociales se refieren a la importancia de saberse querido por los otros y de pertenecer a la comunidad. La satisfacción de estas necesidades incluye agruparse en familias, amistades u organizaciones sociales, y ser incluido en diversos grupos que forman parte de la comunidad.

Todos queremos ser aceptados y pertenecer; sin embargo, quizá esta necesidad se deja sentir de manera particular cuando dudamos de nuestra relación de pareja y requerimos de apoyo y acompañamiento para definirnos y tomar una decisión.

4) Necesidades de estima.

Maslow describió la alta autoestima como la necesidad del respeto a uno mismo. La autoestima va acompañada de la experiencia de autoconfianza, de la sensación de competencia y de sentirnos capaces, con logros, con cierta independencia y la posibilidad de hacer uso de nuestra libertad. El respeto de las demás personas hacia nosotros también entra en esta categoría, por ejemplo la necesidad de atención, aprecio, reconocimiento, estatus y dignidad.

En el dilema de irte o quedarte, una buena autoestima y un empoderamiento personal te permitirán tomar con mayor confianza la decisión que será para tu autocuidado, así como las medidas necesarias para ser considerado con quienes están a tu alrededor. Una persona con autoestima no necesita aplastar a los demás para sentirse bien.

5) Necesidad de autorrealización.

Es la necesidad psicológica más elevada del ser humano. Maslow describe a las personas autorrealizadas como capaces de lidiar con la realidad y la vida bajo las condiciones que la misma les vaya planteando. Aceptarse a sí mismo y a los demás es parte de la autorrealización, así como ser flexible en los pensamientos y en las acciones con que respondemos al entorno.

La persona autorrealizada se orienta a encontrar soluciones creativas e inteligentes para sus problemas. Maslow observó que estas personas pueden actuar y pensar independientemente de las influencias sociales y culturales con las que fueron criadas. El psicólogo estadounidense también recalcó que quienes llegan a este nivel de desarrollo tienen una gran apreciación por todas las personas involucradas en su vida y por todos los sucesos que les acontecen: como han satisfecho todas sus necesidades básicas, son personas que pueden enfocarse en superarse a sí mismas así como en dar tiempo y dinero a sus comunidades y al mundo en general.

Quizá lo central de lograr satisfacer las necesidades de autorrealización es el significado y el propósito que adquiere la propia existencia, así como la conciencia de la importancia de salir de uno mismo y de trascender.

Cualquier decisión que se tome desde este lugar, ya sea irse o quedarse en una relación, será dimensionada en su magnitud, pues si bien la relación de pareja es una experiencia central en la vida de las personas, quien está autorrealizado sabe que la vida tiene mucho más sentido que el que aporta la vida en común. Una actitud así permite una apertura inteligente y aceptante ante lo que venga por vivir.

Una persona autorrealizada es una persona madura. Todos nacemos inmaduros, y con el tiempo, si capitalizamos las experiencias de vida, podemos madurar. Una inagotable fuente de madurez es desarrollar la capacidad de superar los conflictos y aprender de dicha experiencia de sufrimiento.

Necesidades de pareja, pareja en necesidad

Después de analizar las necesidades individuales veremos que estas categorías se aplican a las necesidades de la vida conyugal.

Actualizar a la pareja

Estima

Amor

Seguridad

Supervivencia

Introduzcámonos a cada una de ellas:

1) **Necesidades de supervivencia.**

En una relación de pareja las necesidades de supervivencia corresponderían a aquellos acuerdos básicos que nos hacen vivirnos como pareja al interior de la relación y mostrarnos como una pareja constituida con nuestro entorno. Estos acuerdos consistirían en estar legalmente casados, vivir en unión libre o bien vivir en casas separadas pero tener una relación comprometida.

A este nivel de la escala de necesidades, las parejas en ocasiones no se aman, pero al menos son reconocidas como pareja, por ellos mismos y al exterior de su relación. Ésta es la necesidad más básica de cualquier relación; si no existe no se puede hablar de que haya una pareja como tal.

2) **Necesidades de seguridad.**

Implica que los miembros de la pareja se sientan seguros el uno con el otro. Satisfacer esta necesidad los lleva a protegerse física, mental y emocionalmente y por tanto a mantener un entorno libre de abusos y de violencia. Las parejas que experimentan seguridad en su relación también se cuidan mutuamente ante las agresiones del entorno.

Existen parejas a las que les basta satisfacer esta necesidad para vivir toda su vida juntos: mientras la seguridad esté garantizada continúan, aunque al tiempo pueda sentirse el peso de cierto vacío y desilusión.

3) **Necesidades de amor.**

En este nivel de vida de pareja se incluyen cualidades como el amor mutuo, la compasión, el compañerismo, la intimidad, el afecto y las relaciones sexuales satisfactorias. Aunque esto no garantiza que la pareja no se separe en el transcurso de su vida, sí nos hace pensar que mientras dure la relación se logrará que los miembros de la pareja sientan que tienen una relación suficientemente buena. ¿A qué nos referimos con esto? A un intercambio que les permita crecer como personas y les aporte un grado considerable de gozo y de satisfacción.

Una pareja que tiene satisfechas sus necesidades de amor, en términos generales vive tranquila, se divierte, se aportan el uno al otro oportunidades de una vida más rica, disfrutan de la vida en comunión y se estimulan juntos a crecer.

4) **Necesidades de estima.**

Para explicar este nivel de necesidades en la vida de una pareja podemos utilizar la metáfora de "la naranja del amor": las necesidades de estima se satisfacen cuando los miembros de la pareja son "naranjas completas" porque ambos han trabajado en su autoestima personal así como en estimarse el uno al otro logrando un respeto mutuo y una buena dosis de admiración. No esperan, como "las medias naranjas", que el otro los complete: enriquecerse el uno al otro es distinto a ver en mi pareja la única fuente de satisfacción.

Las parejas con estima están comprometidas con la relación y con ellos mismos como personas, se reconocen en sus capacidades y se retroalimentan en sus limitaciones, y es que no sólo les importa su propia autoestima sino consolidar la de su compañero también.

5) **Necesidades de actualizar a la pareja.**
Debido a que las necesidades básicas han sido satisfechas, ambos cónyuges pueden apoyar al otro a alcanzar sus respectivas metas, sueños o ideales. Pueden interactuar de forma madura, manteniendo un balance sano tanto en su vida individual como en su proyecto conyugal. Las parejas autorrealizadas pueden salir de sí mismas y acometer proyectos que impacten a su sociedad en aras de lograr un mundo mejor.

Comúnmente nos enseñan que el amor es lo único que necesita una pareja para sobrevivir. Hoy descubrirás que para que una relación funcione se requiere de un alto grado de conciencia: descubrir qué necesitas como individuo y qué requiere tu relación. Tener satisfechas las necesidades personales así como las necesidades de ambos genera un círculo virtuoso que alimenta el gusto de estar en la relación.

No podemos dejar de decir que todo intercambio amoroso implica renuncias, pero estas renuncias no son sacrificios ni actos de abnegación, sino elecciones tomadas porque detrás de ellas está la motivación de alcanzar algo mejor.

La vida de pareja es un intercambio, un intercambio de

deseos, de intereses, de valores, y también, en todos ellos, un intercambio de necesidades. No puedo descuidar mis requerimientos personales, pero tampoco puedo dejar de ver los de mi pareja y los de mi relación.

¿Movido por deseos; movido por mis necesidades...?

Hemos dicho que las personas necesitan de una motivación concreta para poder tomar cualquier decisión, y que esto se muestra con mayor relieve cuando la decisión en juego se refiere al futuro de su vida amorosa y de su familia.

Las motivaciones que impulsan a los seres humanos a tomar decisiones y moverse de diversas situaciones tienen en la base un deseo o una necesidad. Veamos esta aseveración adaptada a la situación que estás viviendo.

• Quedarte en una relación de pareja motivado por el deseo:

Las motivaciones por deseo son las más fáciles de satisfacer, aunque no siempre son las mejores para tomar decisiones. Si te encuentras en esta situación lo más probable es que el amor que sientes por tu pareja aún esté vivo o bien que con frecuencia sucedan en tu vida eventos que hacen que se reviva la pasión. Por ejemplo los celos, fundados o infundados, son un factor que incrementa el deseo de permanecer con el otro, de poseerlo; la pregunta es si estos celos a la larga favorecerán realmente el acercamiento o bien deteriorarán la calidad de la relación. Otro ejemplo sería cuando uno de los miembros de una pareja en crisis tiene que viajar con frecuencia por motivos diversos; la ausencia y la distancia pueden contener el conflicto y aumentar el temor a la pérdida, al tiempo que interrumpen la rutina logrando que la pasión se reavive y el amor se sostenga en la distancia. Más opciones que motivarían a permanecer por deseo sería que tu cónyuge se ganara la lotería, le aumentaran el sueldo, le dieran un reconocimiento laboral o social que te abriera puertas, o bien que existiera una posibilidad de acceder a una vida común más estimulante en el extranjero y que esto te llamara la atención.

• Quedarte en una relación de pareja motivado por la necesidad:

También ocurre que uno elige permanecer en un matrimonio porque las necesidades personales y conyugales son satisfechas a través de la relación. A reserva de revisar en las próximas líneas las diversas necesidades que requerimos tener satisfechas los seres humanos, un ejemplo de permanencia por necesidad sería el hecho de que la necesidad de seguridad estuviera satisfecha porque se tiene un ingreso económico seguro, una casa cómoda, una familia estable y una rutina predecible que se quiere conservar.

• Irme de una relación motivado por el deseo:

Esta salida es común de muchos hombres cuando están en una relación que no satisface sus necesidades. La partida se logra como efecto de encontrar a una mujer de la cual se enamoran o se apasionan lo suficiente para poder soltar su relación. Si bien esta motivación es una de las más efectivas para terminar una relación de pareja, el problema que plantea —además del riesgo de lastimar a tu cónyuge— es que en la mayoría de los casos se actúa más desde el impulso que desde la razón. Al no reflexionar en el malestar que estaba desarrollándose con la pareja original y, lo que es aún más delicado, sin reconocer los errores cometidos con ella, se pierde la posibilidad de generar un cambio interior, un impacto en la pareja, y después, una decisión más sólida para terminar o continuar.

Otro ejemplo dentro de este rubro sería recibir reconocimiento positivo, ya sea por tu grupo social y laboral o por ti mismo al comenzar a tener ingresos superiores a los que estabas acostumbrado. En esta etapa es fácil perder piso a través de una seudoautoestima y pensar que lo que te da la pareja ya no es suficiente porque tú eres "más", ofreces más o has crecido más.

• Irme de una relación de pareja motivado por la necesidad:

Cuando en la relación de pareja mis necesidades no están siendo resueltas aparece un malestar que, sostenido en el tiempo, crece hasta volverse intolerable. Llegada la experiencia de malestar extremo ya no se quiere ni pelear ni discutir con la pareja y surge la necesidad de salir de dicho pesar. Si ésta es tu situación, la motivación para irte puede ser tan fuerte que te impulse a moverte. Será importante revisar qué tanto de esta tendencia está matizado por una alta dosis de ira que puede ser el combustible que te impulsa a dejar la relación; si tal es el caso, es importante calmarte para tomar la decisión adecuada desde la razón.

Tus necesidades personales y de pareja no resueltas son un motivo válido para terminar tu relación, siempre y cuando te hayas dado a la tarea previa de comentarlo, de negociarlo, de trabajar en tu pareja y aun así descubras que hay poco por hacer. Quizá te identificas con esta categoría pero aun así no tienes la fuerza suficiente para poder salir, incluyendo casos extremos, como la existencia de episodios violentos. Más adelante veremos cómo lidiar con esta postura, dado que la insatisfacción de las propias necesidades es la razón principal por la que las personas maduras dejan una relación de pareja. Pero antes es importante profundizar en el tema de tus necesidades con el fin de detectar el motivo de tu insatisfacción y comprender el camino de negociación que podría abrir paso a un mejor intercambio con tu pareja o, en su defecto, a la necesidad de dar por terminada esta relación.

Una vez que reconozcas, entiendas y honres tus necesidades podrás encontrar alternativas para satisfacerlas: algunas por tu parte, otras con tu pareja. La claridad que te brinda la aceptación de tus carencias es un primer paso importante para continuar tu proceso de decisión.

Para darme lo que necesito

Tú tienes necesidades, tu pareja tiene necesidades, tu relación tiene necesidades, y si tienes hijos, ellos también tienen necesidades; ante tanto requerimiento es importante que priorices por dónde empezar y te enfoques en lo más esencial. Si eres como la mayoría de las personas que se sienten insatisfechas en su relación de pareja, es probable que te hayas enfocado en satisfacer las necesidades de tus hijos e incluso las de tu pareja, dejando las tuyas en último lugar. Esta conducta de cuidar a los otros es más característica de las mujeres, a quienes se les ha educado en el servicio y en la priorización de lo relacional —siendo así las encargadas de preservar los vínculos, evitar los conflictos y facilitar el poder negociar—; sin embargo, muchos hombres, al detectar su insatisfacción en la vida conyugal, descubren que se han negado la sana satisfacción de ciertos requerimientos propios, y esto con el fin de no fallarle a su pareja, a sus hijos, incluso en ocasiones a sus papás.

Hoy te pedimos como un primer paso —y dada la insatisfacción que experimentas— que inviertas el orden y pienses primero en lo que necesitas tú. ¿Qué se te dice como pasajero de un avión si a lo largo de tu vuelo se presenta un cambio de presión? La indicación precisa es que primero te pongas tú la mascarilla de oxígeno, para que, una vez asegurado tu bienestar, puedas ayudar a los demás. Esto se aplica a la situación de crisis amorosa por déficit de satisfacción: ¡ve por ti!; incluso esta actitud puede abrir una posibilidad que facilite opciones de recuperación a tu relación.

No se trata de ser egoísta; lo que ocurre a veces, cuando uno ha dejado de poner atención a los propios requerimientos, es que al empezar a atenderlos se vive con culpa y cierta ansiedad de que se está haciendo algo mal. Aun así te recomendamos que atiendas con prioridad tus necesidades. Descuidarte te puede estar produciendo un sentimiento de desesperanza, resentimiento y rechazo hacia ti mismo y hacia tu relación. El tiempo cobra este descuido personal, de ahí la importancia de pensar en ti y comenzar a hacerte cargo de tu bienestar.

Tres pasos para avanzar

Hagamos de este ejercicio una práctica cotidiana, y si es posible una práctica conyugal:

1) **Reconocer que tienes necesidades.** Una vez que reconozcas tus necesidades y les permitas que estén ahí ya no tendrán la necesidad de generarte molestias tratando de llamar tu atención. Si puedes escuchar y honrar lo que necesitas, eventualmente la frustración se desvanecerá y seguramente te sentirás mejor. Cuando ignoras tus necesidades o las pones al final de la lista de prioridades posponiéndolas para un día que nunca llegará, surge el resentimiento, la depresión o la ansiedad. Identificar claramente lo que necesitas en cualquier área de tu vida puede ser el paso más poderoso para activar la mejoría de tus condiciones de vida y de tu relación conyugal. Del mismo modo, cuidarte a ti mismo te ubica en un camino

seguro para definir lo que corresponda en cuanto a la decisión que deseas encontrar.

2) **Aprender cómo y dónde puedes satisfacer tus necesidades.** Muchas personas suelen buscar que su pareja satisfaga todas sus necesidades, lo cual es romántico pero irreal. No olvides que hoy se pide a una pareja que satisfaga lo que antes satisfacía toda una tribu. ¿Cómo saber a dónde ir para satisfacer tus necesidades? El mejor lugar para comenzar a buscar es dentro de ti mismo. Después, les puedes pedir a otros que te ayuden a satisfacer algunas de ellas.

3) **Aceptar qué sí y qué no vas a obtener en tu relación.** Quizá ya has intentado varias veces que tu pareja satisfaga alguna necesidad y no lo has logrado; es probable que él o ella no te lo pueda dar. En este caso, tus opciones serían: dar un paso para atrás y comunicar tu necesidad más claramente, o aceptar que tu pareja no tiene la capacidad de satisfacer esa necesidad. Una vez que tengas esto claro podrás valorar si puedes vivir sin eso, si lo puedes compensar o si requieres dar marcha atrás a tu relación. Recuerda que los amigos siempre son de ayuda para complementar la vida y satisfacer algunas necesidades y lo mismo podemos decir de algunos miembros de tu familia cercana. No dudes también en consultar a un profesional para valorar cómo vas en el camino de tu satisfacción personal.

Cerremos este capítulo cuestionando cuáles son las motivaciones que vas experimentando para continuar el camino: ¿Son motivaciones basadas en el deseo? ¿Son motivaciones que surgen desde la necesidad?

Hasta aquí has avanzado en el reconocimiento de la existencia de necesidades que requieres satisfacer, a nivel personal y a nivel conyugal. En el siguiente capítulo recorreremos uno a uno los estadios de necesidades que te hemos presentado y valorarás de manera puntal el grado de insatisfacción que experimentas, la posibilidad de satisfacerlas conservando tu relación de pareja o, por el contrario, la importancia de cerrar tu vínculo de manera oportuna, para poder tener una mejor calidad de vida y así conquistar un bienestar integral.

CUADRO DE VALORACIÓN

Reconociendo tus deseos y necesidades

A. TRABAJO INDIVIDUAL

1.	¿Percibes en ti un malestar indefinido pero desconoces tus necesidades con precisión?	sí	no
2.	¿Has hecho a un lado tus necesidades personales por satisfacer las de tu pareja y/o las de tu familia?	sí	no
3.	¿Te cuesta trabajo validar lo que necesitas?	sí	no
4.	¿Te cuesta trabajo pedir lo que necesitas?	sí	no
5.	¿Has pretendido que tu pareja se haga cargo de necesidades tuyas que hoy cuestionas si te corresponde a ti mismo satisfacer?	sí	no
6.	¿Careces de amistades, relaciones o redes que te apoyen en la satisfacción de tus necesidades?	sí	no

B. Trabajo de introspección

Reflexiones

Conclusiones

4. EVALUANDO TU SITUACIÓN

La adversidad no construye el carácter:
la adversidad deja ver el carácter.
SANDY DAHL

Se necesita valor para empujarse a lugares
que nunca has estado antes…
para poner a prueba tus límites…
para romper barreras.
Y llegó el día cuando el riesgo que corría
por quedarse firme dentro del capullo
era más doloroso que el riesgo
que corría por florecer.
ANAIS NIN

Identificar la existencia de tus necesidades personales y las de tu vida de pareja es la puerta de entrada a una valoración más exhaustiva de tu situación actual. Los requerimientos que valoras para tener una vida equilibrada, rica y satisfactoria te dan la pauta de lo que esperas y necesitas de tu compañero hoy.

Es importante reconocer que la vida de pareja nunca está exenta de problemas, pero distinguir cuáles de esos problemas son manejables y cuáles no tienen salida, así como el efecto de los mismos en tu persona, en tu relación y en tu familia, son la clave para una adecuada decisión.

Problemas con solución, problemas sin solución

El doctor John Gottman ha estudiado por años a infinidad de parejas de diferentes edades, religiones, razas, y contextos socioeconómicos. A través de sus investigaciones sostiene un seguimiento de las parejas a lo largo de varios años de vida conjunta. Mediante este seguimiento investiga las situaciones que favorecen su permanencia en la relación así como los factores que impulsan la desintegración de la misma.

Sus investigaciones reflejan que el deterioro de las relaciones amorosas —las cuales generalmente inician con un alto grado de positividad— se correlaciona con el desgaste sostenido ante la imposibilidad de resolver situaciones problemáticas: las interacciones permeadas por la crítica, el desprecio y las actitudes defensiva y evasiva desgastan la comunicación, aumentan la frustración, incrementan el conflicto y generan distancia entre los miembros de la pareja. Surge así un ambiente cada vez más negativo que imposibilita llegar a acuerdos oportunos y constructivos para cada uno de ellos y para la relación.

Aunado a esto, Gottman ha descubierto que los problemas conyugales se dividen básicamente en dos categorías: los que tienen solución y los que no tienen solución. Los primeros pueden o no resolverse y los segundos no se resuelven jamás: se manejan, se atraviesan y con negociaciones y acuerdos dejan de generar deterioro en la relación, sin dejar por eso de estar siempre presentes en la vida de la pareja.

El investigador señala que la mayoría de los problemas de pareja —el 69%— son irresolubles; esto no significa que no se puedan manejar y hacer que no interfieran destructivamente en el intercambio de los cónyuges, pero sí implica que éstos asuman que dichos problemas no van a desaparecer sino, por el contrario, acompañarán su vida de pareja a lo largo del tiempo.

Cuando elegimos a un compañero amoroso estamos eligiendo inevitablemente una serie de problemas irresolubles con los que tendremos que convivir. En las parejas inestables o "soñadoras" estos problemas deterioran la relación, pues los cónyuges piensan que podrán convencerse el uno al otro de su propia postura, sin darse cuenta de que lo que su pareja defiende tiene que ver con temas profundos que no está dispuesta a negociar.

Los problemas que no tienen solución crean repetidos conflictos porque parten de diferencias fundamentales en las personalidades de los miembros de la pareja o bien por disimilitudes fundamentales en las necesidades de sus estilos de vida. Las necesidades, como vimos en el capítulo anterior, son totalmente personales, pues responden a la historia y construcción de la identidad de cada uno a lo largo de los años.

Gottman compara los problemas irresolubles con una enfermedad crónica con la que hay que lidiar toda la vida. Esto no significa que "se tenga que aguantar lo inevitable", ¡de ninguna manera!, sino que hay situaciones intrínsecas a todas las personas —desde sencillas como la necesidad de puntualidad y de orden, hasta complejas, como el deseo de tener o no tener hijos— que crean diferencias y roces importantes en la vida en común.

Los problemas solubles se distinguen de los irresolubles en tanto que una decisión adecuada puede hacer que desaparezcan y dejen de ser un problema como tal. A diferencia de éstos, los problemas que no tienen solución estarán siempre presentes en la vida en común. La dificultad ocurre cuando no se negocian bien y desgastan la cotidianidad.

No es fácil diferenciar los problemas solubles de los que no tienen solución, ya que las discusiones perennes en torno a cualquiera de ellos generan callejones sin salida. Las discusiones se tornan comúnmente repetitivas y desgastantes, alimentan círculos viciosos y llevan a los miembros de la pareja a endurecerse en posturas irreconciliables y extremas. Llegados a este nivel, la pareja dispone de poco sentido del humor, escasa paciencia y nulo afecto: todas las emociones negativas —propias de cualquier tipo de problema— se instalan. A medida que avanza el círculo vicioso empezamos a ver a nuestra pareja como un enemigo, nos sentimos solos, y se entrampa todavía más el conflicto. Ante la imposibilidad de llegar a acuerdos, así como de poder conversar y resolver, la pareja inicia un creciente camino de distanciamiento.

Para Gottman, tanto los problemas solubles como los irresolubles, si no tienen un buen manejo, se pueden convertir en problemas estancados que deterioran la relación. La dificultad que plantean los problemas no son los problemas en sí mismos —hemos dicho que los problemas en la vida de pareja son inevitables—, sino el hecho de que se estanquen y se asienten al interior de la relación.

Quizá una manera de distinguir los problemas que tienen solución de los que no la tienen sería observar las agendas ocultas que poseen los segundos. Los problemas irresolubles, los cuales generalmente se estancan, entrañan el aferramiento a un ideal y la preservación del mismo: una necesidad profunda, una conquista a la cual no se quiere renunciar, un valor que se quiere defender. Los ideales tienen una historia, una narrativa que lleva a las personas a ser quienes son, a construir su identidad.

Los anhelos detrás de los ideales profundos son delicados, se defienden a "capa y espada", por lo que los individuos necesitamos sentirnos a salvo con nuestra pareja para poderlos ventilar. Si no nos percibimos fuera de "peligro", tomaremos una decisión más firme e inflexible acerca de su manejo, es decir, nos mantendremos rígidos en una postura innegociable y radical. Por ejemplo, a veces discutimos por dinero pero lo que realmente estamos defendiendo es un ideal de libertad. Lo mismo en el caso de otros temas como puntualidad u orden, que pueden tener para nosotros significados de amor, seguridad o independencia. Tras los pleitos que albergan los problemas irresolubles se defienden valores de autonomía, de equilibrio, de igualdad, de libertad...

Es necesario entonces —si no lo has intentado—, antes de tomar la decisión de irte o quedarte, buscar la manera de hablar con tu pareja de las emociones y sentimientos escondidos, así como de los ideales y anhelos profundos que están debajo de cada diferencia que los lleva a discutir y distanciarse en su relación. Recuerda que el significado aparente de una demanda o discusión en los problemas irresolubles siempre conlleva un anhelo personal o un sueño muy importante que se encubre detrás del conflicto.

¿Conoces tus anhelos profundos? ¿Sabes cuáles son los deseos básicos de tu pareja? ¿Podrías dejar de pelear y discutir por asuntos triviales y reconocer lo que es realmente importante para cada uno de ustedes? ¿Valorarlo? ¿Negociarlo? A veces este paso se inicia con la simple toma de conciencia de esta realidad, a veces se requiere de un mediador, un *coach*, un terapeuta, que facilite el entrenamiento para lograr este tipo de conversaciones. Además hay una regla básica a considerar en relación con este tema: basta que uno de los dos miembros de la pareja piense que el problema que enfrentan es irresoluble para que lo sea.

Muchas parejas, al enfrascarse en una defensa aguerrida de sus posturas unilaterales, renuncian a sus ideales y a sus valores más profundos con el fin de preservar la relación amorosa. Esta "resolución" no puede llevar a la pareja a un buen fin: tarde o temprano el desencanto y la frustración se apoderarán de toda la vida en común. Por eso es importante prestar atención a estas dinámicas y reflexionar sobre las mismas; de esta manera se podrá descubrir aquello a lo que no se puede renunciar como persona, plantearlo y negociarlo. Y es que los anhelos tienen una historia, una narrativa que habla de quiénes somos y qué necesitamos: no son caprichos ni berrinches, hay que entenderlos y darles un lugar consensuado.

Desde tu perspectiva, los conflictos de tu pareja pueden parecerte sencillos, mientras que al interior de la persona que los vive se experimentan como algo grande y complicado. Sin duda la perspectiva personal genera diferencias en los ideales y anhelos de uno y otro miembro de la pareja. Ya mencionamos en el segundo capítulo la importancia de entender la visión del otro, la cual está basada en su propia historia, en sus fracasos y sus logros.

Como señalábamos en párrafos anteriores, tanto los problemas solubles como los irresolubles pueden estancarse, y su desactivación depende del manejo adecuado de los mismos: de la capacidad de diálogo, de la escucha activa, de la empatía con el otro, del respeto mutuo y de la comprensión de ambas posturas para posibilitar el camino de llegar a acuerdos. Defender rígidamente "mi trinchera" es un camino seguro para que los problemas se estanquen. Moverte de un conflicto estancado a una situación de diálogo marca una gran diferencia en la relación.

¿Hay algo que aún puedo trabajar?

Si bien vivimos en una época que promueve las salidas fáciles debido a la imposibilidad de posponer la gratificación y a la incapacidad de tolerar ciertas frustraciones propias del vivir, también, en el extremo contrario, podemos introyectar "el sueño americano" y pensar que podemos lograr todo lo que sea que queramos si le ponemos esfuerzo y determinación.

Esto ocurre de manera particular si el asunto tiene que ver con la pareja y el amor. Por supuesto que hay situaciones que se pueden trabajar y vale la pena hacerlo, ya sean problemas solubles o irresolubles; sin embargo, hay otras que son insalvables, por lo que se tienen que detectar, reconocer y tomar una postura realista al respecto. Muchas de las situaciones de pareja que no se pueden salvar tienen que ver con que alguno de los cónyuges no considera la queja del otro como un problema, no entiende por qué le afecta a su pareja y no está dispuesto a hacer nada por manejar dicha situación.

Existen ciertos factores puntuales que indican que una relación tiene buen pronóstico y que hay intervenciones y estrategias que se pueden hacer para hacerla funcionar: a estos factores los llamaremos condiciones *trabajables*. De igual modo, existen ciertos factores que muestran una baja probabilidad de que la relación en algún momento funcione; insistir en manejarlos o cambiarlos será fuente de tensión, frustración e infelicidad: estos factores son condiciones *no trabajables*.

Insistimos en que, en términos generales, si ambos miembros de la pareja quieren sacar adelante la relación y están dispuestos a trabajar en ella con conciencia y determinación, comprometiéndose responsablemente en lo que implica resolver y manejar sus conflictos y diferencias, podrán lograrlo. Pero sabemos que no es frecuente que los dos experimenten el mismo malestar que motiva el deseo de cambiar, y por tanto no siempre los dos miran la situación de manera similar: es común que uno de los dos viva una situación límite y proponga el cambio mientras que el otro la minimice y evite o sabotee la transformación.

Sin embargo existe una tercera opción, y hay que saber detectarla: hay ocasiones en las que ambos miembros de la pareja quisieran hacer algo por trabajar en su situación, pero la situación misma, o la estructura de la personalidad de alguno de los miembros de la pareja, o el contexto en que se mueven, carece de los ingredientes necesarios para mantener la relación a flote. Qué oportuna es la frase de San Agustín, que afirma: "Señor, concédeme serenidad para aceptar las cosas que no puedo cambiar, valor para cambiar las cosas que sí puedo y sabiduría para reconocer la diferencia". Si tuviéramos que hacer alguna precisión a esta sabia plegaria, consistiría en aclarar que aceptar no es aguantar, sino integrar la imposibilidad de sostener lo que ocurre, así como tomar la determinación de salirse cuando una situación resulta lastimosa o perjudicial.

Pero ¿cómo distinguir las condiciones trabajables de las que no lo son? Aquí se toca un punto nodal de lo que estás queriendo encontrar mediante la lectura de este libro, así que nos dispondremos a hacer diversos planteamientos que facilitarán tu deliberación interna y tu acercamiento a una decisión.

Las condiciones trabajables pertenecen a los tres niveles medios de la jerarquía de necesidades —seguridad, amor y estima—, ya descritos en el capítulo anterior. Es importante que si sobrevolaste la lectura de dicho capítulo con la urgencia de encontrar una solución a tu situación, regreses a los contenidos anteriores y te detengas a reflexionar sobre las características e implicaciones de la satisfacción de ese trío de necesidades.

Las necesidades no trabajables corresponden a las necesidades de sobrevivencia: por definición, dicho estado de carencia y escasez hace que no se cuente con los elementos básicos para consolidar una relación suficientemente satisfactoria. Por otro lado, si una pareja opera en el otro extremo, desde el nivel de la autorrealización, estamos hablando de una pareja altamente funcional que tiene sus necesidades básicas satisfechas y seguramente posee los elementos necesarios para

sortear y negociar sus dificultades, tanto solubles como irresolubles, que surgen en los tres intervalos medios de necesidad.

A continuación revisaremos los tres niveles intermedios
correspondientes a las necesidades de seguridad, amor y estima y te plantearemos preguntas concretas que te permitan
reflexionar sobre la posibilidad o imposibilidad de trabajar
en cada una de ellas. Una respuesta auténtica, que surja de tu
deseo e intención, pero también de las posturas que observes
en tu pareja, te permitirá tener un panorama certero de lo que
sigue por hacer.

Lo que necesito hoy

Susan Pease Gadoua, terapeuta de pareja y especialista en mediación, propone valorar la situación a través de los siguientes
cuadros. Cada cuadro presenta un bosquejo más detallado de
lo que debe estar presente en una relación de pareja para que
funcione a lo largo de los diferentes niveles de necesidades;
también tendrás una descripción de los escenarios que pueden o no ser trabajables, así como el tipo de intervención que
se necesitaría para convertir una situación no trabajable en
una opción posible de manejar.

Te sugerimos que colorees sobre los cuadros el área que
corresponda a tu situación. Si consideras que dicha necesidad
no es tema de conflicto para ti, salta ese renglón y continúa
con tu trabajo:

NECESIDADES DE SEGURIDAD

NECESIDAD	Trabajable	Trabajable con intervención, si ambos están dispuestos	No trabajable
CONFIANZA	Existe confianza mutua	Confianza rota	Falta de confianza
HONESTIDAD	Existe honestidad	Honestidad mermada	Deshonestidad patológica
SEGURIDAD mental, emocional, física y financiera	Sentido de seguridad	Deseo mutuo de crear un entorno seguro	Falta de seguridad de algún tipo
COMUNICACIÓN	Buena en general	Algo de comunicación pero deficiente	Falta de comunicación
CUIDADO	Preocupación el uno por el otro	Algo de preocupación el uno por el otro	Falta de preocupación el uno por el otro
AMABILIDAD física, verbal, emocional, mental y sexual	Bondad general en el trato a todos niveles	Niveles moderados de abuso mental o verbal	Abuso extremo en lo físico, sexual, emocional, verbal y/o mental

NECESIDADES DE AMOR			
NECESIDAD	Trabajable	Trabajable con intervención, si ambos están dispuestos	No trabajable
AMOR	Mutuos intercambios amorosos	Una base suficiente de amor mutuo	Ausencia de amor mutuo
LEALTAD	Lealtad	Fallos de lealtad	Deslealtad repetida y sin remordimiento
INTERESES COMPARTIDOS	Suficientes intereses compartidos	Algunos intereses compartidos	Intereses no compartidos
COMPROMISO	Compromiso por parte de ambos hacia la relación	Uno o ambos miembros de la pareja están inseguros sobre su compromiso hacia la relación	Uno o ambos miembros de la pareja carecen de compromiso hacia la relación
COMPAÑERISMO	Compañerismo recíproco	Relación más recíproca que unilateral	Relación unilateral

NECESIDADES DE ESTIMA

NECESIDAD	Trabajable	Trabajable con intervención, si ambos están dispuestos	No trabajable
ESTIMA	Autoestima y estima por tu pareja	Baja autoestima tuya y poca estima por tu pareja	No hay autoestima, ni estima por tu pareja, y no hay deseo de cambiar
RESPETO	Respeto mutuo	Una base suficiente de respeto	Falta de respeto
METAS COMUNES	Suficientes metas en común	Algunas metas en común	Ninguna meta en común
VOLUNTAD DE TRABAJAR POR LA RELACIÓN	De parte de ambos	Resistencia por parte de alguno	Falta de voluntad categórica de uno o de ambos

Reconociendo por dónde voy…

Hasta aquí has abarcado las necesidades de los tres niveles medios en la propuesta de Maslow. Como hemos dicho, para entender cómo funciona tu relación y definir si vale la pena seguir trabajando en ella es importante saber lo que necesitas, de qué manera obtenerlo y lo que se puede interponer en el camino de la satisfacción de tus necesidades.

Tras realizar el ejercicio anterior podrás notar cuál de las tres columnas en las tablas de necesidades es la que coloreaste con mayor frecuencia:

1) La primera columna de aspectos trabajables plantea un escenario donde es bastante probable salvar la vida en común. Ubicarte en este primer nivel de conflictividad habla de situaciones de pareja que se están gestando pero que no han llegado a un punto de irreversibilidad, por ser detectadas y abordadas a tiempo. Las probabilidades de solución aumentan si ambos miembros de la pareja están de acuerdo en el malestar que se ha generado entre ellos pero aún se sienten motivados para hacer lo que se requiera para mejorar. Es probable que no sea necesaria la ayuda de un profesionista; tal vez el reconocimiento de la situación, las comunicaciones bien planeadas o la lectura de algún texto, entre otras cosas, puedan facilitar los caminos de negociación. De cualquier modo, nunca sobra una consulta para revisar la ruta que se va a emprender para salir adelante de los tropiezos que te causan malestar.

2) Si coloreaste preferentemente la columna de en medio, se abren opciones de continuar en tu relación, siempre y cuando haya intervenciones oportunas para resolver las carencias que experimentas y manejar los problemas que

enfrentan como pareja. Cabe mencionar que la ayuda de un profesionista sería adecuada, pues que el hecho de que ambos se empeñen en manejar bien las cosas abre más posibilidades de éxito que trabajar de manera unilateral y probablemente desacoplada. Sin embargo no puedes descartar la posibilidad de dejar la relación si los intentos de cambio no tienen un efecto positivo en la dinámica conyugal, o bien si tu pareja se niega a aceptar el problema y a trabajar de común acuerdo para poder transformar su relación.

3) Si la columna de la derecha fue la más coloreada, el pronóstico de continuar la relación es poco probable; pareciera que estás enfrentando situaciones difíciles con poca o nula intención de alguno o de ambos de trabajar en ellas. Es posible que alguno de los dos ni siquiera considere que lo que enfrentan sea un problema, o bien se engaña diciendo que va a cambiar. En tal caso, quizá la decisión de terminar sea lo más saludable. Sin duda puedes probar, si eres consciente de la problemática, hacer algunos intentos de cambio bajo apoyo y supervisión profesional, a ver si algo se transforma con tu esfuerzo, pero si dichas tentativas no abren alguna posibilidad de cambio en un periodo breve de tiempo, no tiene caso continuar luchando en algo que difícilmente logrará la transformación de la relación. Sostenerte rígidamente en continuar una relación tan carente de los elementos necesarios para que subsista hará que el conflicto escale, poniendo en riesgo la integridad de alguno o de ambos miembros de la pareja. ¡Ni qué decir de tu desgaste y frustración!

Definir el nivel en el que se encuentra tu relación te puede ayudar a entender por qué te sientes insatisfecho y vacío, o bien por qué quieres marcharte. Del mismo modo, comprender tu situación actual te puede ayudar a reflexionar las razones por las cuales aún quieres quedarte ahí.

En el común de las relaciones amorosas las personas dan por hecho que sus necesidades básicas de supervivencia, seguridad y amor serán satisfechas, pero esto no es así: cuando empieza el malestar o los problemas es importante revisar qué necesidades están siendo olvidadas o poco atendidas.

Como hemos dicho, no es necesario que tu pareja satisfaga todas y cada una de tus necesidades. Sin embargo existen ciertos requerimientos básicos que indiscutiblemente deben estar presentes y ser satisfechos para que valga la pena continuar la relación. Si tu pareja no está logrando satisfacer casi ninguna de tus necesidades y además te causa problemas permanentes y estrés creciente, es importante que examines los motivos para seguir con ella y cuestionar si realmente son las razones correctas. Crear una pareja requiere la voluntad de dos personas, pero para terminarla basta con que una de ellas no quiera continuar. Además, las relaciones buenas son para trabajar en ellas y continuarlas, y las malas para terminarlas.

No se trata de "tirar la toalla" a las primeras de cambio, pero sí de ubicarte en una realidad que te permita reflexionar si aún hay asuntos trabajables que has evadido —por ignorancia, por comodidad, por enojo, por dependencia— y que es momento de reconocerlos y manejarlos, o bien si estás aferrándote a falsas ilusiones y gastando tu energía en una relación que no va a ningún lugar.

Escucha lo que dice tu mente, abraza la sensación interna que va perfilando el camino que se aproxima. Acepta lo que estás experimentando, respira, y retoma una paz básica que te permita continuar el camino de la decisión. Aún no es momento de actuar, sino de aclararte y aceptar lo que vas visualizando. Recuerda que vas paso a paso...

CUADRO DE VALORACIÓN

Evaluando tu situación

A. TRABAJO INDIVIDUAL

1.	¿La confianza que requieres para vivir con tu pareja es difícil de recuperar?	sí	no
2.	¿Cada vez hay menos muestras de honestidad de parte de tu pareja?	sí	no
3.	¿En general te sientes inseguro con tu pareja?	sí	no
4.	¿Consideras que la comunicación que sostienes con tu pareja es pobre o nula?	sí	no
5.	¿Te sientes poco cuidado por tu pareja?	sí	no
6.	¿Son escasas o nulas las demostraciones de amabilidad que tiene tu pareja contigo?	sí	no
7.	Siendo honestos, ¿afirmarías que es poco el amor que queda entre ustedes?	sí	no
8.	¿Te sientes con frecuencia traicionado por tu pareja?	sí	no
9.	¿Sientes que entre tu pareja y tú existe una brecha de afinidades en cuanto a sus intereses y valores?	sí	no
10.	¿A tu pareja le falta compromiso con la relación?	sí	no
11.	¿Con frecuencia tu pareja es poco compañera, lo que te hace sentir solo?	sí	no
12.	¿La estima que sientes por tu pareja es poca?	sí	no
13.	¿La estima que tu pareja siente por ti es poca?	sí	no
14.	¿Son frecuentes las faltas de respeto en la relación?	sí	no
15.	¿Carecen de un proyecto de vida común?	sí	no
16.	¿El deseo de trabajar por la relación está ausente en uno de los dos o en ambos?	sí	no

Reflexiones

Conclusiones

5. PROFUNDIZANDO ALGUNAS SITUACIONES DE RIESGO

Que no exista una buena razón para quedarse
es una buena razón para marcharse.

ANÓNIMO

Hasta aquí hemos recorrido contigo un camino que te ha permitido reconocer la ambivalencia de la indecisión de continuar o terminar una relación amorosa. También hemos señalado algunos elementos que te han permitido entender tu relación presente así como las razones por las cuales elegiste a tu actual pareja. Hemos atravesado contigo el proceso de distinguir tus necesidades, validarlas y descubrir aquéllas que no han sido satisfechas de manera suficiente por ti o por tu relación.

¿Y por qué hacemos hincapié en satisfacer las necesidades de manera suficiente y no total? Porque, como hemos dicho, nadie puede ni es responsable de satisfacer de manera total las necesidades de otro. No sobra decir que el amor adulto siempre nos va a dejar algo insatisfechos: siempre nos frustrará de algún modo, pues no podrá saciar al cien por ciento nuestras necesidades. ¿Tal expectativa será más la expresión de un anhelo infantil de tener a alguien "sólo para mí" que de compartir una vida adulta? ¡Ni las mamás, por más de un periodo corto de tiempo, pueden llenar del todo las necesidades de sus hijos!

De aquí surge la importancia de reflexionar sobre el tipo de demandas y necesidades que estamos planteando a nuestra pareja: ¿son adultas?, ¿son maduras?, ¿corresponden a una relación entre iguales?, ¿demandamos de más?, ¿o de menos? Quizá regresar a los cuadros del tema anterior te permitirá reafirmar estas preguntas así como prepararte para la lectura de este capítulo, que facilitará afirmar lo que vas definiendo en cuanto a tu relación.

En las líneas que leerás a continuación describiremos puntualmente algunas situaciones peligrosas que conviene revisar de manera acuciosa por el impacto brutal que pueden tener en la vida de las personas y en la relación de pareja.

Para continuar el camino...

Hemos insistido en que la vida de pareja atraviesa un sinfín de problemas individuales y en común: los problemas son parte cotidiana de la vida y han de saberse manejar para salir airosos de ellos y vivir satisfechos con la convivencia amorosa. En ocasiones la imposibilidad de tratarlos de manera oportuna y constructiva matiza todos los intercambios de la vida de pareja, generando un malestar permanente que deteriora la relación y creando un clima sostenido de insatisfacción entre los cónyuges.

Pero más allá de estos asuntos cotidianos, que según su manejo oportuno o inadecuado van gestando mayor o menor grado de malestar y desgaste —que puede llevar sin duda al rompimiento—, existen otros asuntos particularmente delicados que generan circunstancias de vida complicadas y riesgosas. A veces la pareja se habitúa a ellos ignorando sus riesgos y minimizando el impacto que tienen en cada uno de los que integran la familia. Las situaciones a las que nos referiremos pueden llegar a darse en algún momento particular de la vida amorosa, pero en la mayoría de los casos se van gestando a lo largo de la convivencia, instalándose lastimosamente en el intercambio cotidiano de la pareja.

Es importante que valores si alguna de estas vivencias extremas forma parte de tu vida de pareja y si reconoces el influjo permanente de las mismas en tu persona, en tu bienestar y en la satisfacción de tu relación. Insistimos en que a veces minimizamos o ignoramos estos eventos o circunstancias por considerar que no podemos hacer nada respecto a ellos; pensamos que es la naturaleza de nuestro cónyuge o bien su estilo de carácter, y a veces los normalizamos por haber sido parte de nuestra propia historia familiar sin reconocer su influjo en nuestro diario vivir. Reflexionemos en cada uno de ellos.

Infidelidad

El tema de la infidelidad se ha abordado comúnmente desde una perspectiva simplista, moralista y lineal: la explicación que se da de la misma con frecuencia se caracteriza por la existencia de un villano y una víctima. Esta descripción generalmente se basa en parámetros morales de bondad y maldad, en una visión positivista del mundo donde toda causa tiene un efecto y en perspectivas puritanas donde la sexualidad es vista como sucia, vulgar y animal.

Si nos quedamos con esta corta perspectiva no podremos explorar preguntas esenciales que revisan las motivaciones que impulsan a esta conducta, las fuerzas del contexto que la propician y los muchos factores que intervienen para que se consume.

Somos seres contradictorios, ambivalentes y en un sentido incongruentes, particularmente en el tema del amor, ya que queremos una cosa y a veces también queremos otra... Esto no quiere decir que los acuerdos que se tienen en pareja puedan ser violados a cualquier costo, pero sí que la monogamia no es naturaleza del ser humano y por tanto hay que revisar la decisión —implícita o explícita— de vivir una exclusividad sexual con la pareja para comprender las motivaciones que llevaron a romper dicho acuerdo.

El primer tabú que queremos desmantelar es que si bien la infidelidad muchas veces va de la mano con conductas de abuso, maltrato, negligencia, venganza y desinterés, en muchas otras ocasiones incluye muchos más factores que el simple hecho de la maldad, la patología y la inmadurez. Sin duda los efectos de una infidelidad son lastimosos y difíciles de reparar, pero insistimos en que se requiere comprender las diversas motivaciones que llevan a este acto para valorar si un evento de este tipo puede ser causa para terminar tu relación o tiene posibilidades reales de poder superarse.

Si vamos a los datos estadísticos podemos afirmar que a pesar de que 95% de las parejas siguen casándose con el acuerdo tácito o expreso de guardarse mutua fidelidad, la realidad —como te decíamos— se caracteriza por la contradicción: la gente quiere ser fiel pero no siempre lo consigue, piden fidelidad pero no siempre la respetan, y como máxima expresión de incongruencia, suelen ser permisivos con sus propios deslices mientras se muestran intransigentes con los de su pareja. Se piensa que, en promedio, en los países occidentales entre 60 y 80% de los hombres han sido infieles y entre 40 y 45% de las mujeres lo han sido también.

Es infiel quien tiene o mantiene una experiencia erótica y/o afectiva con alguien que no es su pareja formal, siempre que entre los miembros de la pareja exista un acuerdo tácito o explícito de exclusividad emocional y sexual. En la infidelidad, uno de los miembros de la pareja continúa creyendo que el acuerdo está en pie mientras que el otro lo está rompiendo en secreto. La relación "extrapareja" puede ir desde un involucramiento emocional no sexual que contenga los elementos de atracción y sobre todo de secreto, hasta la experiencia esporádica o continua, con o sin involucramiento emocional, del ejercicio de la sexualidad. Hay quienes, para ser más rigurosos, hacen una distinción entre infidelidad y enamoramiento alternativo. La infidelidad no siempre implica un enamoramiento alternativo, ni éste conduce forzosamente a la infidelidad. Lo uno no siempre deriva en lo otro, si bien en ocasiones se dan los dos. Hay personas que no consideran infidelidad el enamoramiento alternativo por el hecho de que no haya habido intercambio sexual.

Si bien la diferencia entre hombres y mujeres se ha ido acortando a lo largo de los años, en general los hombres y las mujeres presentan distinciones notables en la forma de correlacionar ambas variables: los hombres tienden a ser más infieles, sin que ello implique la existencia de un enamoramiento, mientras que las mujeres necesitan en general mayor involucramiento afectivo para llevar a cabo la infidelidad.

Son diversas las motivaciones que provocan que una persona cometa una infidelidad:

1) **Motivaciones individuales:** Se refieren a asuntos personales que poco tienen que ver con la pareja. Los temas que propician la infidelidad se gestan desde las tareas pendientes personales —como vivir etapas previas de desarrollo que se sobrevolaron, hasta patrones de vida familiar que se repiten de generación en generación—. La persona que comete la infidelidad trata, a través de la misma, de reasegurarse, compensar una decepción, o bien demostrarse a sí misma que es

atractiva y seductora. En ocasiones el infiel busca legítimos anhelos de autodescubrimiento o libertad, o bien traer vitalidad a su vida tras una pérdida importante; el tema es que un intento de solución de ese tipo pone en riesgo la relación de pareja y no siempre logra resolver la carencia o la necesidad personal. En algunos casos la historia familiar pesa: una aventura de los padres, además de ser "modelo" de un patrón de evitación de conflictos, o de roles de género; también se puede dar con la intención más o menos consciente de "reactuar" una historia familiar que fue traumática para darle un mejor final.

También hay personas cuya "necesidad sexual" es un tanto mayor a la de su pareja; en ese caso valdría la pena valorar si es un tema que se pueda trabajar y negociar. Muchas veces esta razón es un pretexto para ser infiel: en términos generales un hombre puede considerar necesidad tanto la urgencia de un coito, como un déficit en la frecuencia deseada o incluso la negación a ciertas prácticas que la pareja no acepta. En cambio la mujer requiere de un déficit sexual importante —tanto en calidad como en cantidad—, así como una frustración orgásmica considerable, para llevar a cabo una infidelidad por esta razón. En ocasiones es más una necesidad de afecto encubierta.

Hay quienes a través de la infidelidad pretenden confirmar una preferencia sexual diferente. En situaciones extremas se observan casos de patología que reflejan una franca adicción sexual, prácticas perversas y narcisismos exagerados.

2) Motivaciones relacionales que se dan al interior de la pareja: Cuando los miembros de la pareja no pueden comunicar honestamente lo que está pasando, las decisiones se empiezan a tomar de forma separada y la relación empieza a basarse en supuestos erróneos y malas interpretaciones: terreno fértil para una infidelidad.

Es común que la infidelidad devele la imposibilidad de lograr intimidad y se correlacione más con la decepción, el enojo y la sensación de vacío que con el ejercicio del sexo en sí. Y al hablar de intimidad nos referimos al establecimiento de una comunicación clara y eficiente con la pareja, intercambio que incluye desde aspectos banales hasta situaciones profundas de vida. La intimidad implica estar disponible para el otro, cuidarlo, alentar, dar y recibir. Cuando esto no ocurre se abre una distancia emocional que genera soledad al interior de la relación. En esta situación la insatisfacción sostenida se actúa en una infidelidad que refleja la dificultad de comunicar los propios deseos e intereses así como entender los de la pareja.

En las infidelidades en cuya base hay motivaciones relacionales, lo que se pretende a un nivel más o menos consciente es:

- reactivar la relación y trabajar en ella para resolver el distanciamiento que se ha gestado
- sostener con la infidelidad una relación que explícitamente no se puede manejar o negociar logrando un equilibrio; en algunos casos hay un acuerdo tácito que "la permite"
- crear con la crisis una puerta de salida para dar por terminada la relación de una manera abrupta.

3) Motivaciones evolutivas: Las infidelidades que se dan por esta razón se deben a las dificultades que tiene un miembro de la pareja para integrar los cambios que implican ciertas transiciones a lo largo de la vida. En general los cambios generan crisis, desacoples y nos hacen vulnerables. Así, en ciertas etapas del ciclo vital se da salida a la ansiedad llevando a cabo una infidelidad. Es común que ocurra al inicio de la relación cuando se establecen los límites de intimidad y compromiso, con la llegada de los hijos donde la maternidad puede convertirse en prioridad para la mujer, cuando los hijos se van y queda el "nido vacío", a los 15 o 20 años de unión, cuando empiezan a sentirse demasiado pesadas ciertas renuncias, o bien cuando llega el franco declive de la juventud.

Entender las diversas razones que impulsan a una infidelidad facilita manejarlas, pero no es justificación para minimizar su impacto traumático y la necesidad de reparación. Del mismo modo pensamos que cuando se ha hecho de la infidelidad "un estilo de vida" sin deseos de cuestionar y modificar la propia conducta, se puede pensar en el poco cuidado que se tiene con la pareja que sale lastimada por dichas traiciones continuas y desconsideradas.

Pero, dando un giro al tema, cabe preguntarnos: ¿existe la infidelidad entre personas que conviven en amor o la infidelidad es siempre un indicio de que el amor ya no existe? Ambas premisas pueden ser reales. Es difícil que se produzca la infidelidad sistemática entre parejas estables que viven en amor. Sin embargo, la infidelidad esporádica que se da en la coyuntura de determinada situación sí puede producirse aunque la persona esté vinculada a una relación de amor; se llegan a dar determinadas circunstancias que, unidas a ciertas necesidades, pueden concretarse en una infidelidad. Sin duda, estas últimas son más fáciles de trabajar que las primeras.

Existen personas que sin dejar de amar a su pareja pueden mantener relaciones sexuales alternativas; el tema es si la pareja está de acuerdo con ello, si pueden abrir un contrato mutuo de no exclusividad y si la relación se puede sostener con un acuerdo de este tipo. Seguramente lo deseable sería que mientras se convive amorosamente no ocurriera este fenómeno, pero la realidad es que ocurre, y es un tema difícil de gestionar.

El impacto de un *affaire* también varía, dependiendo de otros factores:

- Si hay compromiso hacia la relación pero existe necesidad de algo ausente en ella.
- Si es esporádica y se quiere trabajar en el tema para continuar la relación.
- Si, por el contrario, hay ausencia de compromiso hacia la relación, a la que se suman actos de indiferencia, manipulación y abuso de la pareja, lo cual hace poco probable la posibilidad de cuestionar al infiel y de pedir que se comprometa con la relación.
- Si a la ausencia de compromiso se suman la búsqueda utilitaria y frenética de placer con una incapacidad para tolerar y manejar las tensiones propias de una vida en pareja.

Por todo esto te pedimos que antes de tomar una decisión en cuanto a dejar o continuar una relación, entiendas la distinción entre lo que es una infidelidad necesaria para el crecimiento y una infidelidad tóxica e innecesaria que sólo genera un intercambio de hostilidad. Para muy pocas parejas una infidelidad descubierta es un asunto irrelevante, y aún menos la viven como una experiencia positiva para el desarrollo de la relación. Mucho depende del significado de la misma para quien la comete y de la intención de reparación y enmienda.

Una infidelidad bien manejada puede hacer valorar el estado matrimonial, redefiniendo la evolución de la relación de pareja y reevaluando lo que es posible y deseable entre los cónyuges. Por eso insistimos en valorar si el evento es constante, cínico y sin remordimiento, o bien si es una coyuntura en la vida de pareja que se tiene que trabajar. El traicionado, por su parte, debe evaluar si puede entrar en un proceso de perdón, que si bien no se da de la noche a la mañana, sí puede ser trabajado para no albergar un resentimiento que le impulse a "cobrar" permanentemente a la pareja por su error.

Si bien la diferencia de género se ha ido acortando a lo largo de los años, en general los hombres y las mujeres presentan notables diferencias en la forma de correlacionar ambas variables: los hombres tienden a ser más infieles, sin que ello suponga que exista un enamoramiento alternativo, y las mujeres suelen requerir mayor implicación emocional para consumar la infidelidad. Sin duda entre las nuevas generaciones estas diferencias han ido desvaneciéndose, porque las mujeres se están incorporando al modelo que, hasta hace pocos años, se consideraba característico del sexo masculino. Pero bueno, las mujeres dirían: "sé infiel pero no te enamores", y los hombres: "enamórate pero no seas infiel".

Decepciones financieras

Los temas de dinero en las relaciones de la pareja no son un asunto menor: muchos desencuentros amorosos se gestan desde las decepciones financieras. Al hablar de dinero nos situamos en un territorio lleno de significados, lo cual hace que negociaciones en el área económica estén basadas en temas de trascendencia —como la seguridad, la igualdad, el poder, la libertad—.

El peso que le damos al tema del dinero, aunado a la utilidad real que tiene en la satisfacción de nuestras necesidades, pasa por un mundo de significados que hemos adquirido a lo largo del tiempo —tanto en nuestra experiencia familiar temprana como en vivencias posteriores relacionadas con nuestra inserción a la vida laboral—. No es lo mismo tener una familia emprendedora que venir de un ámbito de asalariados; no es igual haber vivido situaciones de apremio económico que manejarse en la vida con cierta abundancia material; tampoco es igual haber gozado de situaciones de éxito material o al menos de estabilidad financiera, que tener que afrontar diversos fracasos económicos.

Todos estos antecedentes tendrán un impacto en la relación de pareja: cada uno administrará el dinero de manera diferente; quizá compartirán sus ingresos o bien tendrán cuentas separadas, arriesgarán juntos en proyectos de crédito o bien gastarán sólo cuando se haya devengado el ingreso. De estas decisiones —ya sean consensuadas o tomadas de manera unilateral (generalmente por quien tiene más poder económico)— surgirá la sensación de logro común o bien aparecerán malestares que pueden transformarse en decepciones financieras mayores.

El impacto de lo económico es de tal magnitud que llega a impregnar el mundo de los afectos. Hay quienes manifiestan el amor con regalos materiales, y por tanto la falta de dinero la viven como descuido y desamor.

Existen algunas actitudes que son particularmente lastimosas y generan desencuentros en la vida de pareja. Es importante valorar la frecuencia y magnitud de las mismas y el impacto en la convivencia conyugal, dado que la decisión de permanecer o terminar con tu relación puede estar muy influida por el peso de este factor. No lo minimices, a veces podemos sentirnos "superfluos" o "banales" por darle importancia al tema del dinero: si no eres de las personas que sitúan como primer y único valor lo material, siéntete en paz al saber que los temas económicos son importantes en la estabilidad y bienestar de la vida conyugal. Comentemos uno por uno:

1) **Deshonestidad:** El deshonesto se caracteriza por la falta de ética, de rectitud y de transparencia. Alguien que carece de una actitud honesta tiende a comportarse así tanto en sus relaciones al exterior de la vida familiar como con la pareja misma. Sin embargo hay casos en los que, abusando del poder que se tiene con el cónyuge, se hacen malversaciones económicas, tanto de manera oculta como haciendo uso de la seducción, la amenaza o el chantaje. El tiempo pone todo al descubierto, más en asuntos materiales, donde tarde o temprano los recursos van a escasear; sería importante que no pasara tanto tiempo como para que se haya trastocado la estabilidad financiera de la familia y la confianza en la pareja.

Si has descubierto los manejos deshonestos de tu cónyuge, y los avalas, de alguna manera te vuelves su cómplice, aunado a que en caso de rompimiento pones en riesgo tu integridad física y tu propia seguridad material. Si tú eres de los que han defraudado a su pareja por un abuso y mal manejo de recursos económicos, has de entender que tomará tiempo —y acciones muy concretas— que te devuelva su confianza, ¡si es que hay aún "tela de donde cortar"!

Negociar cualquier cosa con alguien en quien se ha perdido la confianza es complicado: de ahí la importancia de hablar de datos precisos y acciones concretas que se puedan evaluar. Esto aplica tanto para una reconciliación como para una separación, ya que no se puede poner en riesgo un patrimonio en nombre del "amor".

2) **Negocios ilegales:** Hoy más que nunca todos sabemos a lo que nos referimos al hablar de negocios ilegales. La tensión que se puede vivir en una casa donde el dinero proviene de negocios ilícitos tiene un impacto particular; es como vivir en arenas movedizas, a la espera de

cualquier sorpresa, cultivando un ambiente donde todos pueden romper las reglas y los conflictos se convierten en la norma de la cotidianidad.

El problema se torna complejo debido a las grandes sumas de dinero de que disponen estas familias, como si la abundancia reinante fuera suficiente para minimizar todo lo que se oculta detrás. En ocasiones la comodidad y la evasión son la constante para no sustraerse de tanto beneficio económico. A esto cabe sumar que un dinero ganado con pocos esfuerzos —y con muchos riesgos— invita a un despilfarro familiar que dista mucho del ambiente necesario para crecer de manera integral. Sobra mencionar el peligro en el que se pone a cada uno de los miembros de la familia involucrados en este *modus vivendi*.

3) **Juegos de azar:** En las generaciones anteriores la adicción al juego era predominantemente masculina, pero la situación ha cambiado desde que aparecieron los casinos en México: a partir de ese momento las mujeres han entrado al mundo del juego. Pensamos que la entrada de muchas mujeres a esta actividad es motivada por depresión, aburrimiento y enojo; ¿será que puede canalizarse el enojo con el cónyuge gastándose su dinero en un abrir y cerrar de ojos? Cuando el hombre es el principal proveedor de la casa, el juego sin límite pone en riesgo la estabilidad familiar.

Si estás atrapado en una situación de este tipo has de saber que el juego se considera —en situaciones desmedidas— una adicción, por lo cual es importante manejarlo como tal, sea cual sea la decisión que tomes respecto a tu vida conyugal.

4) **Alcoholismo y drogadicción:** Si bien abordaremos el tema de las adicciones en el siguiente inciso, aquí nos

limitaremos a decir que no hay dinero que alcance cuando alguno de los miembros es adicto: no sólo porque en términos financieros implica mantener algunas adicciones, sino porque éstas generalmente impiden sostener un trabajo estable y ejercerlo a cabalidad.

5) **Esconder el dinero:** Muchas mujeres —la mayoría dependientes económicamente de sus parejas— esconden pequeñas cantidades de dinero para sentir que tienen alguna libertad económica en cuanto a su situación personal: ya sea para darse un gusto, para hacer un regalo o incluso para disponer de él en caso de alguna emergencia que ellas consideren como prioridad.

Algunos hombres, por su parte, ocultan información económica para evitar que la mujer les pida más dinero o lo quiera utilizar para algo que ellos no ven como prioridad; otros tantos, lo que pretenden con esta actitud es no tener que compartir su capital en caso de un rompimiento.

6) **Tarjetas de crédito:** Parece mentira que en pleno siglo XXI, y con la creciente inserción de las mujeres en el área laboral, muchas de ellas aún no manejen una tarjeta de crédito —y algunas, si es que la tienen, sea adicional a la de su pareja—. Puede parecer sutil el impacto de este hecho, pero que el cónyuge tenga control y opinión respecto al uso personal que se hace de cierta cantidad de dinero resta autonomía en la cotidianidad. Sobra decir además que en caso de una separación muchas mujeres quedan en una situación de indefensión, pues además de perder probablemente la extensión crediticia que tenían, difícilmente serán —al menos a corto plazo— sujetas de crédito.

7) **Goteo:** Este hecho sutil también es causa de muchos sinsabores conyugales. Consiste en que el miembro de

la pareja que tiene más disponibilidad económica —generalmente el hombre— comparte el dinero con el otro a cuentagotas: pide cuentas detalladas, no proporciona una cantidad hasta que no se le explica con detalle a qué será destinada y pospone las fechas de entrega del mismo. Este esquema recrea el escenario de una víctima y un abusador, donde el que tiene el poder —en este caso económico— se aprovecha del otro en una dinámica aparentemente sutil y humillante.

8) **No involucrarse en las finanzas:** Algunas parejas asumen que hablar de dinero es de mal gusto o implica falta de confianza, así que alguno de los miembros de la pareja no se involucra en las finanzas del otro. El efecto de esto es que uno se siente excluido mientras que el otro se siente sobrecargado. Con este manejo también se eluden posibilidades de que la pareja encuentre de común acuerdo mejores caminos de inversión —en caso de bonanza— o de solución —en caso de escasez—. Ni hablar del caso de que alguno de los miembros fallezca, lo cual deja al otro al margen de lo que está ocurriendo en términos financieros, dificultándosele planear el futuro y prevenir situaciones de riesgo que se pueden gestar.

9) **Control:** No es nuevo afirmar que por generaciones los hombres han tenido el control económico y que esto les ha dado el poder para manejar a sus esposas. Para una mujer en estas circunstancias separarse tiene, además de costos emocionales, el costo de quedar desprotegida económicamente, más aún si a lo largo de su relación no se ha insertado en el mundo laboral. Aparentemente los roles de género complementarios facilitan echar a andar una vida familiar: la mujer se hace cargo de la casa y de los hijos, y el hombre es el proveedor de lo que necesita

la familia para funcionar. A la larga estos acuerdos tienen sus "asegunes": sobre todo tienen efectos de sobrecarga en el hombre y de dependencia en la mujer, quien en caso de querer terminar la relación tendrá que resolver un tema adicional.

Si estás en una relación donde tu pareja te controla con el dinero, es momento de detenerte a pensar en tu futuro económico antes de dar un paso peligroso para tu seguridad. No estamos diciendo que te quedes en la relación por dinero, pero sí que te prepares para conseguir un trabajo o iniciar un negocio que facilite tu manutención.

10) **Poder y violencia:** Abordaremos con mayor detenimiento el tema de la violencia más adelante, pero queremos mencionar que el dinero utilizado para controlar a alguien es el preludio para una relación violenta. Muchos hombres son violentos con el dinero y algunos ni siquiera connotan esas actitudes como tales. La violencia económica incluye todas las conductas que tengan como finalidad excluir a la pareja de la toma de decisiones financieras y controlar sus gastos; algunas de éstas ya las hemos ejemplificado en puntos anteriores.

Con estos diez tópicos dejamos a tu disposición asuntos diversos que pueden estar creando malestar en tu relación. Recuerda que no son asuntos menores, no sólo por el impacto en tu vida cotidiana, sino porque tras ellos se juega parte de tu dignidad humana integral.

Adicciones

El mundo de las adicciones genera casi en automático relaciones caóticas. El consumo de sustancias pone en riesgo la integridad física, el desempeño intelectual y la vida emocional de quien consume, así como de las personas cercanas al adicto.

Si ya es preocupante que nuestra sociedad viva, crezca y celebre en torno al alcohol, convivir diariamente con una pareja con esa problemática es estar jugando siempre "a la ruleta rusa". Negar que se tiene un problema en relación con el alcohol es el primer indicador de pocos caminos de solución; minimizar sus efectos, además de las consecuencias corrosivas en la propia persona y en el entorno, imposibilita hacer un consumo placentero y saludable del mismo.

Los patrones más significativos de dicha adicción son los siguientes:

1) Patrón psicológico de uso: estados frecuentes de intoxicación, incapacidad para abandonar o reducir su uso a pesar de las complicaciones.
2) Desórdenes de conducta hasta el punto de interferir con la salud, con el funcionamiento social, con las relaciones interpersonales y con la capacidad de trabajo.
3) Duración mínima del trastorno de por lo menos tres meses.
4) Dependencia física evidenciada tanto por la tolerancia como por la abstinencia. Lo que popularmente llamamos "aguantar el alcohol" puede ser uno de los primeros indicios de riesgo.
5) Dependencia psicológica por la sensación que produce su uso.

Por otro lado, el abuso de alcohol tiene un impacto familiar en tanto que genera zozobra y frustración al interior de la pareja y de la familia. Veamos las razones:

1) Es muy difícil conseguir que una persona deje de tomar, sobre todo si disfruta la bebida o le sirve de ansiolítico.

2) El alcoholismo se ha considerado una "enfermedad" que, por ende, escapa al control del enfermo. Esta afirmación puede convertirse en una justificación para la inacción y el desvalimiento del alcohólico.

3) Se dice que el alcohol es un "hábito social", por lo que el individuo en sociedad requiere cierto grado de consumo. Al abstemio se le considera "triste, débil y descortés".

El alcohol es un problema cuando:

- Si se reduce el consumo de bebidas alcohólicas, o se deja de beber bruscamente, se experimentan molestias físicas y psíquicas tales como: temblor, náuseas, ansiedad, irritabilidad, etc. Se trata de síntomas de abstinencia que desaparecen al tomar una bebida con alcohol.

- En ocasiones, la persona se esfuerza por beber moderadamente, o incluso intenta dejar de beber por sí misma, pero no lo consigue.

- La persona "aguanta cada vez más"; esto se debe a que el organismo va creando tolerancia a esa droga.

¿Qué has de hacer ante esto? No te "adaptes" al malestar que está ocurriendo en ti minimizando lo que pasa y pensando que solo se va a solucionar. No sobreprotejas a tu pareja tapando su problema ni haciéndote responsable de su bienestar. Infórmate sobre lo que es el alcoholismo y cuestiona seriamente si la relación de pareja puede sostenerse si tu pareja no deja de consumir.

La drogadicción, por su parte, es una enfermedad muy particular debido a su cronicidad o larga duración, a su progreso y a sus recaídas. Se caracteriza por el uso indebido de cualquier tipo de drogas con fines que no corresponden a aquellos para lo que se han prescrito, si es que existe una prescripción. La drogadicción causa problemas físicos, psicológicos, sociales y financieros. El consumo de drogas produce modificaciones en el comportamiento y reacciones que comprenden siempre un impulso irreprimible por tomarlas.

El abuso de sustancias generalmente deteriora o destruye las relaciones amistosas o íntimas: el consumo de drogas penetra haciéndose más imperioso que el gusto por la convivencia y la interacción personal. Las drogas generan un estado de "bienestar inmediato" y de "necesidad continua" que deriva en que la persona adicta deje de participar en el mundo, abandone metas y planes, olvide su crecimiento personal y detenga su convicción de resolver constructivamente los problemas. Usa el consumo como estrategia de "solución". Del mismo modo, este problema tiene un impacto en las personas que se relacionan con el adicto, por ejemplo: la inversión económica que implica la ingesta puede privar a la pareja y a la familia de satisfactores vitales, discutir los problemas y situaciones de la adicción puede generar conflictos familiares, las reacciones violentas generadas por las drogas pueden llevar al usuario a cometer asaltos o, peor aún, asesinatos, por no decir una interacción permanentemente conflictiva con sus relaciones cercanas: discusiones frecuentes, desinterés sexual, comunicación interrumpida, pérdida de confianza, alejamiento físico y emocional, entre otras cosas.

En relación con el mundo laboral, cuando una persona tiene una adicción suele restarle tiempo a su trabajo para buscar la droga o recuperarse de su uso: acostumbra llegar tarde, ser menos productivo, disminuir la calidad de su trabajo o incluso perderlo. Conseguir y usar la droga acaba por convertirse en la meta más importante, así que los adictos se vuelven egoístas y egocéntricos, importándoles sólo ellos mismos y su consumo.

Si este asunto ya se apoderó de tu vida, ya sea por las propias elecciones en relación con tu consumo, ya sea por los efectos que tiene el consumo de tu pareja en tu vida personal y conyugal, estás en una situación complicada que has de evaluar seriamente para ver si tu vida de pareja, con esta encrucijada, merece la pena continuar.

Violencia

La violencia es el uso de la fuerza y el poder de manera ilegítima para someter o controlar a otros que generalmente se encuentran en un estado más vulnerable en relación con el que somete, ya sea por la edad, el sexo, la fuerza física o el parentesco. Este sometimiento utiliza métodos que generalmente causan grave daño físico o emocional en quien se ejerce.

El 90% de la violencia es ejercida por los hombres contra otros hombres, mujeres y niños. Tanto hombres como mujeres podemos ser víctimas de violencia, pero debido a las estadísticas las mujeres han de estar particularmente atentas a esta situación. A veces se disfraza o minimiza el tema de la violencia diciendo que tu pareja tiene "carácter fuerte", siendo que si este carácter es sostenido es muy probable que sea violento.

Si tu pareja te ha amenazado o intimidado, o si te ha empujado o golpeado, no hay duda de que es una persona violenta. Lo ideal en un caso así sería que vieras la manera de preservar tu integridad física, en primera instancia, y tu integridad emocional, en segunda. La mayoría de las mujeres se quedan con hombres violentos no porque tengan problemas emocionales o mentales, sino porque el violento les corta las redes de apoyo y se apodera de su energía mental para que no puedan tomar decisiones. ¿Te ha ocurrido algo así? Es como si alguien se metiera en tu mente, invadiera tus pensamientos y midiera todas tus acciones en función de él. El miedo y la dependencia que genera una persona así son muy difíciles de superar sin la ayuda de una red de amigos o de un profesional.

Existe un experimento para probar lo difícil que es salir de una dinámica violenta; es una muestra muy cruel que ejemplifica lo que le sucede a una mujer violentada:

- Se mete un perro en un cuarto que está dividido a la mitad por un muro de 40 centímetros de altura. En el lado donde se encuentra el perro el piso tiene un sistema mediante el cual se activa la corriente eléctrica y el perro siente toques. El animal, desesperado, busca una salida, brinca la barda y siente alivio, ya que en la otra mitad del cuarto no recibe la descarga eléctrica.

- Después de un rato se regresa al perro a la primera mitad del cuarto, se enciende la energía eléctrica y el perro brinca la barda; esto se repite varias veces y llega un momento en que no es necesario activar la corriente eléctrica para que el perro se pase a la otra mitad del cuarto.

- Lo siguiente que se hace es subir el muro a cerca de dos metros, se activa la corriente eléctrica y durante mucho tiempo el perro intenta brincar la barda sin éxito. Al cabo de unas horas el animal se da por vencido: se acuesta en el piso, con lo que la superficie de contacto es mayor y el sufrimiento se incrementa, pero ya no tiene fuerzas para levantarse.

- Acto seguido se baja la barda a 40 centímetros y el perro ya no intenta pasar a la otra mitad del cuarto. Está exhausto, derrotado y sin ningún incentivo para moverse y alejarse del dolor que le causa la constante descarga eléctrica.

A muchas mujeres que han sido víctimas de violencia les sucede algo parecido: como resultado de un condicionamiento violento desisten de toda liberación. Esperamos que nunca llegues a la violencia extrema, pero si ya estás en una situación así es importante que pidas ayuda y consideres seriamente si tu pareja está dispuesta a hacerse responsable de la misma. Una dinámica violenta es compleja de desactivar aun trabajándose concienzudamente y por tiempo prolongado. Una violencia sostenida, no reconocida y no trabajada es razón certera para dejar una relación.

Te damos una lista de treinta y cinco acciones a observar en ti o en tu pareja para detectar si ya estás en una relación violenta:

1) Insultos
2) Abandono
3) Celos
4) Negligencia
5) Infidelidad como muestra de poder
6) Amenazas
7) Control
8) Ironía
9) Sarcasmo
10) Burla
11) Desprecio
12) Intimidación
13) Abuso emocional
14) Aislamiento
15) Desvalorizaciones
16) Explosiones verbales

17) Gritos
18) Golpes en la pared
19) Aventar objetos
20) Negaciones
21) Descalificaciones
22) Culpar
23) Manipulaciones
24) Envidia
25) Prohibiciones
26) Abuso sexual
27) Control con el dinero
28) Gestos
29) Abuso con los animales
30) Alienación parental
31) Abuso económico
32) Discriminación
33) Abuso hacia los débiles
34) Hacerte sentir inferior
35) Privilegios masculinos

¡No bajes la guardia! Vivimos en una sociedad patriarcal que no sólo acepta sino avala muchas de estas conductas. Una pareja ha de ser un intercambio de amor en la igualdad, no un espacio de temor, dolor y sometimiento. Abre bien los ojos, reconoce si vives una situación de violencia y pide ayuda.

Trastornos de personalidad

Otro asunto difícil de detectar y manejar son los trastornos de personalidad, por eso consideramos indispensable describir para ti los signos más visibles de los mismos. Todos tenemos una personalidad que se construye a partir de aspectos tanto genéticos como ambientales: nuestra herencia así como nuestras interacciones con el mundo que nos rodea moldean la manera en que pensamos, sentimos y actuamos.

Los trastornos de personalidad pueden definirse como un conjunto de anomalías o perturbaciones que se dan en las dimensiones emocionales, afectivas, motivacionales y sociales de las personas que los padecen. Quienes tienen esta afección muestran rasgos de carácter sostenidos e inflexibles que dificultan su convivencia social y suelen afectar su vida personal, profesional y relacional. Los trastornos de personalidad impactan el modo de pensar y de reaccionar de quienes los presentan, impulsándolos a responder de manera rígida e inadaptada a las situaciones particulares de la vida.

Toma en cuenta que todas las personas tendemos a responder siempre del mismo modo ante una situación difícil, pero en caso de una respuesta ineficaz intentamos encontrar otro camino en busca de una mejor decisión. En contraste, las personas con trastornos de personalidad son extremadamente rígidas y no pueden adaptarse a la realidad ni buscan salidas mejores a los problemas, lo cual debilita su capacidad de responder no sólo a los problemas sino a los desafíos básicos de la vida. Sus patrones desadaptados de pensamiento y comportamiento se hacen evidentes al principio de la edad adulta, o antes, y tienden a durar toda la vida.

Quienes padecen estos trastornos generalmente no son conscientes de que su comportamiento o sus patrones de pensamiento son inapropiados; por el contrario, a menudo creen que sus comportamientos son normales y correctos y tratan de someter a su entorno a sus parámetros de percepción y acción. Esto es sumamente doloroso y riesgoso para quienes conviven con ellos.

La lectura de esta guía te servirá para estar atento a algunas manifestaciones de estos trastornos y tener claridad a la hora de sopesar lo que ocurre en tu relación de pareja. La presencia de ciertos rasgos "extraños" de personalidad en tu pareja podrá permitirte entender algunas de sus conductas: no se trata de etiquetarlo de "enfermo" pero sí de comprender si sus comportamientos van más allá de una respuesta lógica y adaptada a las situaciones que vive.

1) **Personalidad paranoide.** Proyectan sus propios conflictos y hostilidades hacia otros. Son generalmente fríos y distantes en sus relaciones. Tienden a encontrar intenciones hostiles y malévolas detrás de los actos inocentes y positivos. A menudo las suspicacias conducen a conductas agresivas o al rechazo por parte de los demás. Intentan acciones legales contra otros, especialmente si se sienten indignados. Son incapaces de ver su participación en un conflicto.

2) **Personalidad esquizoide.** Son personas introvertidas y solitarias. Emocionalmente frías y socialmente distantes. A menudo están absortas en sus propios pensamientos y temen la aproximación e intimidad con otros. Hablan poco, son dadas a soñar despiertas y prefieren la especulación teórica a la acción práctica. La fantasía es un modo frecuente de enfrentarse a la realidad.

3) **Personalidad histriónica.** Buscan llamar la atención y se comportan como si estuvieran actuando. Sus formas de expresarse tienen como resultado establecer relaciones con facilidad, pero de un modo superficial. Las emociones a menudo aparecen exageradas, actuadas o infantilizadas para buscar la atención (con frecuencia la atención erótica). Son proclives a los comportamientos sexualmente provocativos o a sexualizar todas sus relaciones. Sus comportamientos seductores a menudo encubren su deseo de protección. Muchos son

hipocondriacos y exageran sus problemas para conseguir atención.

4) **Personalidad narcisista.** Tienen un sentido de superioridad y una creencia exagerada de que valen mucho; pueden ser extremadamente sensibles al fracaso y a la crítica y, cuando se les enfrenta a un error, pueden ponerse rabiosos o deprimirse. Esperan ser admirados y piensan que todos los envidian. Sienten que merecen que sus necesidades sean satisfechas de inmediato y por ello explotan a otros, cuyas necesidades son consideradas menos importantes. Se muestran egocentristas, arrogantes o mezquinos.

5) **Personalidad antisocial.** En otros tiempos eran llamados psicópatas o personalidad sociopática; la mayor parte de estos individuos son hombres. Su conducta muestra desprecio insensible por los derechos y los sentimientos de los demás; explotan a otros para obtener beneficios materiales o gratificación personal. Toleran mal la frustración y, en ocasiones, son hostiles o violentos. A pesar de los problemas o el daño que causan, comúnmente no sienten remordimientos o culpa. Racionalizan cínicamente su comportamiento o culpan a otros. Sus relaciones están llenas de deshonestidades y de engaños. Es frecuente que sean adictos al alcohol, a drogas, a desviaciones sexuales y a la promiscuidad. Tienden a meterse en líos y a ser encarcelados. Generalmente fueron descuidados emocionalmente durante la niñez, sufriendo con frecuencia abusos físicos en sus años de formación. Tienen una esperanza de vida inferior a la media.

6) **Personalidad límite.** La mayor parte son mujeres. Se muestran inestables en la percepción de su imagen, su humor, su comportamiento y en sus relaciones interpersonales, las cuales son conflictivas, tormentosas e

intensas. Frecuentemente necesitan ayuda por su depresión, el abuso de alcohol, la alteración del apetito y el maltrato recibido. Tienden a mostrar una ira inapropiada e intensa. Pueden mostrarse desesperadamente impulsivas, implicándose en promiscuidad o en abuso de sustancias tóxicas.

7) **Personalidad evitadora.** Son hipersensibles al rechazo y temen comenzar relaciones por la posibilidad de no ser aceptados. Tienen un fuerte deseo de recibir afecto y de ser aceptados. Sufren por su aislamiento y falta de habilidad para relacionarse cómodamente con los otros. Ante el rechazo se presentan tímidos y retraídos. Esta personalidad es similar a la fobia social.

Todos los seres humanos, de una u otra manera, podemos presentar algunos rasgos semejantes a los señalados en los diferentes trastornos que describimos. La diferencia entre un rasgo de comportamiento y desarrollar un trastorno de la personalidad es la rigidez con que la persona responde a las condiciones de vida, las permanentes alteraciones en el razonamiento y el comportamiento, y la facultad de distinguir la realidad.

Seamos cuidadosos de no convertirnos en psicólogos y psiquiatras ambulantes, etiquetando permanentemente toda conducta de nuestra pareja que salga de lo "normal", pero no dejemos por eso de escuchar esas alertas internas que nos hacen reconocer cuando algo anda verdaderamente mal en nuestra relación. En caso de que algo te llame la atención porque rebasa la línea sutil de las conductas adecuadas, es importante consultar con un especialista para clarificarte y solicitar ayuda adecuada en caso de tener que tomar una decisión más radical.

CUADRO DE VALORACIÓN

Profundizando en algunas situaciones de riesgo

A. TRABAJO INDIVIDUAL

* Contesta sólo las preguntas que correspondan a problemas que estás enfrentando. Deja en blanco los recuadros que señalen situaciones que no estás enfrentando.

1.	¿Existe un tema de infidelidad que consideras esporádico y situacional?	sí	no
2.	¿Quieres y puedes desafiar los prejuicios que cargas en torno a la infidelidad para intentar salvar tu relación?	sí	no
3.	¿La infidelidad vivida es con remordimiento y deseo de reparación?	sí	no
4.	¿Quieres perdonar la infidelidad porque consideras que no ha ocurrido desde la prepotencia, la costumbre y el abuso?	sí	no
5.	¿Existe un tema de decepción financiera que consideras esporádico y situacional?	sí	no
6.	¿Quieres y puedes desafiar los prejuicios que albergas en torno al problema económico que enfrentas para intentar salvar tu relación?	sí	no
7.	¿La decepción financiera vivida es con conciencia del problema y deseo de reparación?	sí	no
8.	¿Deseas superar la decepción financiera porque consideras que no ha ocurrido desde la prepotencia, el dolo y la persistencia de malos hábitos?	sí	no
9.	¿Existe un tema de adicción en tu vida en pareja?	sí	no
10.	¿Tu pareja está dispuesta a ver el problema del consumo como algo que requiere ser tratado y manejado?	sí	no
11.	¿Quieres y puedes hacer un intento por salvar la relación porque sabes que tu pareja estará de acuerdo en la necesidad de un programa de recuperación?	sí	no

12.	¿Existe un tema de violencia en tu relación que se ha gestado y sostenido con el paso del tiempo (sea del tipo que sea)?	sí	no
13.	¿Tu pareja está dispuesta a ver el problema de la violencia como algo que requiere ser tratado y manejado?	sí	no
14.	¿Deseas hacer un intento por salvar la relación porque sabes que tu pareja está dispuesta a hacerse responsable de la violencia en que viven?	sí	no
15.	¿Supones que tu pareja padece un trastorno de personalidad?	sí	no
16.	¿Tu pareja está dispuesta a ver el padecimiento que tiene como algo que requiere ser tratado y manejado?	sí	no
17.	¿Quieres y puedes hacer un intento por salvar la relación porque sabes que tu pareja está dispuesta a tratar el padecimiento que tiene?	sí	no

B. TRABAJO DE INTROSPECCIÓN

Reflexiones

Conclusiones

6. AFIRMANDO TU VERDAD INTERNA

Amar una cosa es estar empeñado en que exista,
no admitir, en lo que depende de uno,
la posibilidad de un universo donde aquel objeto
esté ausente.

J. Ortega y Gasset

Hemos trabajado por años con parejas en crisis: parejas de diferentes edades, circunstancias y contextos sociales. Muchas de ellas al paso del tiempo han continuado su camino juntas, saltando diversos obstáculos y construyendo una vida en común suficientemente buena y estimulante. Otras han terminado su relación habiendo hecho un trabajo profundo de reflexión, y tras su rompimiento han mostrado un compromiso intachable en el proceso de separación y cierre. Otras tantas han continuado su vida de pareja con esquemas de relación muy distintos a los señalados por los convencionalismos sociales: algunas han elegido vivir cada uno en ciudades diferentes y compartir algunos espacios de mes en mes; otras habitan en domicilios separados y conviven en alguno de ellos los fines de semana. Hay parejas que han negociado asuntos tan concretos como tener habitaciones separadas, hasta temas tan transgresores y complejos como pactar acuerdos de no exclusividad sexual en su relación (pero sí de fidelidad al vínculo con primacía sobre cualquier otro encuentro erótico).

Como estos acuerdos, ¿cuántos otros podrán existir? Acuerdos diversos que hagan que la relación se conserve viva en el tiempo extrayendo lo bueno que sí se tiene en común y sorteando las diferencias y desafíos de estos nuevos modelos amorosos. Extraño, ¿verdad?, pero ocurre. A veces queremos encasillar en un solo esquema universal al amor, y nos damos cuenta de que cuando éste está aún vivo y quiere ser preservado, puede adaptarse a diversos encuadres y aprovechar distintos espacios para sobrevivir y crecer.

¿Por qué señalarte este punto antes de que hayas decidido en definitiva qué quieres de tu relación? Porque probablemente el estrés que genera la decisión que estás por tomar angosta tu mirada del futuro y desde tus prejuicios y temores cancelas opciones diversas que pueden funcionar; tal vez descartas acuerdos innovadores por considerarlos imposibles o catastróficos. En este momento basta que te convenzas de que si bien hoy desconoces el final del trayecto que estás emprendiendo, seguramente en el recorrido irás encontrando opciones adecuadas que respondan a tus necesidades particulares y que al mismo tiempo consideren y cuiden a todos los implicados en tu decisión.

Pero antes de llegar a ese punto has de continuar con muchos cuestionamientos sobre temas que requieres considerar para poder elegir. Llevarte a un lugar de mayor claridad será el propósito de este capítulo.

Una experiencia interior

Hasta aquí has hecho un cuestionamiento acucioso de temas en torno a tus necesidades personales y de pareja, así como a situaciones de riesgo que puedes o no estar atravesando y que son fundamentales de considerar por sus implicaciones.

Seguramente gracias a tu capacidad de razonamiento, apoyada por los temas que hemos venido manejando a lo largo de la lectura, vas perfilando una idea de lo que quieres hacer o de lo que necesitas hacer en torno a tu relación de pareja.

Es importante diferenciar tus deseos —de irte o quedarte— de lo que es oportuno y constructivo en este momento de tu vida. El amor no sólo es un sentimiento: el amor va acompañado de efectos que generan bienestar y crecimiento como persona y como pareja. Es por esto que el argumento de "aún lo amo" o "ya no lo amo" puede ser insuficiente para una decisión de irte o quedarte ante la diversidad de ingredientes que conforman la experiencia amorosa. Por eso no te precipites en una u otra dirección antes de continuar con el trabajo interno que has venido realizando ya.

Este capítulo te planteará cuestionamientos puntuales que te ayudarán a definirte, no tanto desde una lógica racional —que es la que has utilizado hasta este punto de la lectura—, sino desde la contundencia de tu experiencia interior vivencial al hacer el siguiente ejercicio. ¿Qué significa esto? Que en cuanto avances en las respuestas que plantea el siguiente cuestionario —y sin detenerte en extremo a descifrar cada una de ellas— irás experimentando en tu interior una sensación de "aún podemos hacer algo" o de "es mejor terminar con esta relación".

Confía en que hoy puedes conseguir la claridad que has venido buscando si es que realmente quieres encontrarla, y que tienes todos los elementos para reconocer y aceptar lo que es mejor para ti y para tu relación. Recuerda que no merece la pena, por más que consideres que la relación puede funcionar, continuar con alguien que por alguna razón ha afirmado y demostrado que ya no te quiere: por doloroso que sea, a nadie le hace bien que se queden con él por lástima o por miedo a la separación. Escucha tu voz interna, la cual te llevará sin duda un poco más allá de lo que te has estado diciendo en este tiempo de indecisión y ambivalencia.

Ten la certeza de que las preguntas que se te plantearán a continuación incluyen la experiencia de mucha gente que ya se ha definido y ha quedado satisfecha con su decisión. Esto no significa que el trayecto recorrido por ellas haya sido fácil, pero sí que se puede sostener un paso firme en alguna de ambas direcciones en tanto que ha sido elegido con conciencia, integridad y definición. Vas a llegar a buen puerto y estarás listo para construir una vida que mereces, y que tras un periodo de tiempo podrás disfrutar.

Sin duda cada uno de nosotros es único e irrepetible, por lo cual no podemos actuar como lo han hecho los demás para "llegar a la misma meta": la respuesta que te des a ti mismo ha de ser totalmente personal, como lo eres tú. Sin embargo, como especialistas en el tema de pareja no podemos dejar de compartirte situaciones que han sido estudiadas y clínicamente probadas, y que —en términos generales— han dado buenos resultados a quienes como tú se han dado a la búsqueda de la mejor decisión.

Nadie podrá ser responsable de tu elección final; por eso no te daremos recetas de cocina inoperantes. De cualquier modo hemos tomado el riesgo y la responsabilidad de señalarte algunas cosas que funcionan y otras que por lo regular terminan mal.

Si hasta hoy no has podido definir tu postura mediante la escala de "lo que es positivo" y "lo que es negativo" en tu relación de pareja, es momento de que dejes de utilizar el "método de la balanza" que te lleva a requerir evidencias constantes sobre los pros y los contras de tu situación. Acalla las voces intrusivas que te dan razones interminables para tender hacia uno u otro lado de la balanza y que sólo logran confundirte más. Es momento de iniciar un recorrido que valide tu experiencia global interior haciendo honor a la sabiduría que habita dentro de ti.

Tu diagnóstico personal

Cada una de las preguntas que te plantearemos a continuación te permitirá encontrar una salida a la ambivalencia que has estado experimentando. Irás de una en una tratando de reconocer un hecho, percibir una sensación o detectar una pieza clave que muestre claramente qué es lo mejor para ti.

En cada inciso contestarás una pregunta sobre algún dilema que se puede presentar entre tu pareja y tú. En todos los casos la pregunta será directa y fácil de responder: sí o no.

El orden de las preguntas está especialmente hecho para que vayas avanzando de tópicos generales a asuntos más particulares, quizá de lo que es más obvio a lo menos obvio. Al terminar habrás recorrido todo tipo de asuntos concernientes a la vida de pareja, abarcando casi todo lo que puede estar pasando en tu relación. Tras contestar estas preguntas quedará a la vista una especie de diagnóstico que pronostique si tu relación amorosa es suficientemente mala como para quedarte o suficientemente buena como para irte.

Disponte a contestar confiando en ti mismo. Ve paso a paso y toma cada pregunta como una oportunidad de encontrar tu propia verdad. Por lo general sabrás automáticamente cuál es la respuesta, pero a veces tendrás que detenerte un poco y regresar a tus sentimientos y recuerdos para poder contestar. Si dudas qué responder, quédate con lo primero que te haya venido a la mente, no le des muchas vueltas; insistimos, ¡aprende a contactar tu sabiduría interior!

40 preguntas, 40 claves...

Ten a mano un bicolor para realizar este ejercicio. Colorea del color que se te indica la columna que escojas dependiendo de tu respuesta: sí o no. ¡Ojo! En cada pregunta el sí y el no se turnan de columnas.

Suerte y adelante...

	PREGUNTA DE DIAGNÓSTICO	ROJO	AZUL
1.	Piensa en una época cuando las cosas entre tu pareja y tú estaban en su mejor momento, ¿podrías hoy afirmar que en ese entonces las cosas sí estaban muy bien entre ustedes?	sí	no
2.	¿En términos generales estar con tu pareja te aporta serenidad y tranquilidad?	sí	no
3.	¿Ha habido más de un incidente de violencia física en tu relación?	no	sí
4.	¿Te gusta la manera en que te trata tu pareja?	sí	no
5.	¿Ya elegiste algún compromiso concreto de seguir un curso de acción o un tipo de vida que excluye a tu pareja casi por completo?	no	sí
6.	¿Si Dios o un ser omnipotente te dijera que está bien que te vayas, te sentirías más aliviado y tendrías mayor seguridad de que puedes terminar tu relación?	no	sí
7.	¿A pesar de tus problemas, tu pareja y tú tienen al menos una actividad o interés positivo y agradable (aparte de los hijos) que comparten actualmente y les gustaría seguir compartiendo en un futuro? ¿Algo que hagan juntos y que les dé a los dos un sentimiento de cercanía por momentos?	sí	no
8.	¿Dirías que para ti tu pareja es bonita, razonablemente inteligente, no muy neurótica, atractiva, y huele bien la mayoría del tiempo?	sí	no

		no	sí
9.	¿Tu pareja te bombardea con dificultades cuando tratas de obtener aunque sea una mínima cosa que quieres; generalmente cada necesidad que tienes es eliminada, y si llegas a tener lo que deseas, obtenerlo fue tan desgastante que al final no sientes que valió la pena el esfuerzo?	no	sí
10.	¿Tienes un sentimiento básico y recurrente de humillación o invisibilidad en tu relación?	no	sí
11.	¿Sientes que tu pareja generalmente bloquea tus intentos de hablar sobre ciertos temas o de hacer ciertas preguntas, especialmente de cosas que te importan?	no	sí
12.	¿Cuando tu pareja dice algo tiendes a pensar con frecuencia que está mintiendo?	no	sí
13.	¿Más allá de todas las cualidades admirables que pueda poseer tu pareja, o de los enojos y problemas que estén enfrentando, realmente te gusta?	sí	no
14.	¿Estás dispuesto a darle a tu pareja más de lo que hasta hoy le has dado, y estás dispuesto a hacerlo así como están las cosas en este momento?	sí	no
15.	¿Confirmas que tu relación de pareja te abre opciones de vida y amplía tus horizontes? ¿Experimentas con ella una sensación de crecimiento?	sí	no
16.	¿Tu pareja y tú sienten las ganas y el placer de tocarse mutuamente y desean que llegue el momento de hacerlo?	sí	no
17.	¿Sientes una atracción física especial hacia tu pareja?	sí	no
18.	¿Te sientes orgulloso de que te vean con tu pareja?	sí	no
19.	¿Tu pareja ve y reconoce ciertas cosas que has tratado de mostrarle que hacen que su relación no funcione o no sea sana?	sí	no

20.	¿Existe algo que hace tu pareja que ocasiona que tu relación sea muy mala para mantenerla, cosa que él o ella reconoce, pero no está dispuesto a cambiar?	no	sí
21.	¿Has tratado de olvidar, ignorar y tratar de que ya no te moleste ese problema que tiene tu pareja que te hace querer irte sin lograrlo?	no	sí
22.	¿Tu pareja reconoce ese problema que tiene, está dispuesto a hacer algo al respecto y piensas que sí tiene la habilidad de cambiar?	sí	no
23.	¿Tu pareja ha violado lo que para ti es tu "línea límite" que no puedes manejar?	no	sí
24.	¿Existe una franca diferencia entre el estilo de vida, deseos, preferencias, formas, de tu pareja y tú?	no	sí
25.	¿A pesar de todas sus diferencias, podrías decir que en el fondo o en algún aspecto que te es importante, tu pareja te hace sentir bien?	sí	no
26.	¿En ocasiones observas a tu pareja y lo sientes como un extraño?	no	sí
27.	¿Aunque tu pareja es una buena persona te aburre terriblemente?	no	sí
28.	¿Tu pareja ha logrado que te empieces a convencer de que eres un perdedor o un idiota?	no	sí
29.	¿Por lo general tratas de limitar el contacto con tu pareja debido a sus faltas de respeto hacia ti, a excepción de ciertas ocasiones en las que a la fuerza tienen que interactuar?	no	sí
30.	¿Sientes que tu pareja por lo general muestra un apoyo concreto e interés en las cosas que haces que te son importantes?	sí	no
31.	¿Perderías algo muy importante en tu vida si tu pareja ya no fuese tu pareja? ¿Lo que perderías, sería algo que te hace sentir bien sobre tu pareja en tanto que ella te lo proporcionó?	sí	no

32.	¿Sientes que el dolor y perjuicio de lo que sea que causó un daño o una traición ha sanado o disminuido con el tiempo?	sí	no
33.	¿Existe la capacidad clara y un mecanismo concreto para lograr el perdón genuino en tu relación?	sí	no
34.	¿Cuando tienes una necesidad o un deseo razonable, tu pareja y tú son capaces de encontrar una manera de que la satisfagas sin tener que pasar por una lucha dolorosa?	sí	no
35.	¿Existe una necesidad en particular que te es tan importante que si no la satisfaces a lo largo de tu vida, en un futuro dirás que tu vida no fue satisfactoria? ¿Te estás empezando a sentir desanimado de que nunca vas a lograr satisfacerla?	no	sí
36.	¿Dada la manera en la que actúa tu pareja contigo, sientes que al acercarse a ti solamente le interesa someterte a su enojo y crítica?	no	sí
37.	¿Cuando aparece el tema de intimidad entre tu pareja y tú, existe por lo general una batalla sobre lo que es intimidad y cómo llegar a ella?	no	sí
38.	¿Consideras que tu relación propicia la diversión?	sí	no
39.	¿Actualmente comparten metas y sueños comunes para su futuro?	sí	no
40.	¿Si todos los problemas en tu relación fueran resueltos hoy mágicamente, aún sentirías esa ambivalencia de irte o quedarte?	no	sí

Con esto sí, con esto no

¡Has atravesado probablemente la parte más difícil del proceso! Tómate tu tiempo para respirar, relajarte, y siéntete orgulloso de ti mismo. Tras realizar este ejercicio habrás identificado de nuevo necesidades internas que están hablando con fuerza. Ahora toca ver qué haces con ellas en relación con tu situación de pareja. Al finalizar podrás tomar una decisión basada en tu realidad.

Si la mayoría de tus respuestas se cargan a la columna roja, que es la izquierda, es indicador de que tu relación puede sostenerse y funcionar —sin duda tras realizar un trabajo en relación con el malestar que experimentas y con los problemas estancados que enfrentas—. Pero si la mayoría de tus respuestas se cargan a la columna azul, que es la derecha, es muestra clara de que la relación tiene muchos asuntos en contra y con pocas probabilidades de funcionar.

En este punto del camino no intentes volver a la lucha interna que te vuelve a llevar al territorio de la duda. Integra lo que sientes, acepta el dolor y el temor que te produce, o bien asume la responsabilidad y el deseo de replantear tu relación y de trabajar en ella.

Nuestra experiencia profesional, aunada a nuestros estudios sobre la pareja, nos permite plantearte las siguientes afirmaciones que te ayudarán a confirmar y sostener tu verdad interna.

Lee con atención cada frase del cuadro siguiente, piensa rápido lo que producen en ti y tacha el recuadro con el que te identificas.

CON ESTO SÍ...	CON ESTO NO...
Si lo que compartes con tu pareja te llena de motivación, disfrute y regocijo, y te abre posibilidades a futuro, es que aún tienes experiencias amorosas reales. No sólo compartes deberes como educar a los hijos, cuidar a los padres, o sacar adelante un negocio, sino actividades vivas que te vinculan con tu pareja y alimentan la relación. Si éste es el caso, existe una posibilidad de limpiar tu relación.	Un abuso físico repetido y sin interés de detenerlo trabajando en la violencia que implica, indica que debes terminar la relación. De otra manera, pasará una y otra vez, y empeorará la situación: tu autoestima bajará y tu sensación de estar atrapado aumentará. Si aún amas mucho a tu pareja y consideras que tiene muchas cosas buenas, sólo si se está tratando con un profesional y permanece en la terapia mínimo un año cabe la posibilidad de intentar continuar. El abuso físico —¡así como el emocional y verbal!— mata el amor.
Si consideras —en términos generales— que tu pareja es buena persona, inteligente, atractiva e interesante a tus ojos, existe la posibilidad de trabajar en tu relación.	Si cuando tu relación estaba en su máximo apogeo las cosas entre ustedes no se sentían bien, el pronóstico es pobre. Lo que nunca fue bueno, difícilmente algún día lo será.
Cuando a pesar del desgaste y el dolor de lo vivido aún estás dispuesto a entregarte y hacer cosas por el otro por amor, existe una oportunidad de que haya un centro sólido de vitalidad en tu relación.	Cuando experimentas alivio de que un ser superior u omnipotente, o tus padres, o incluso tu terapeuta te diera permiso de dejar tu relación si quisieras, y eso te hace sentir paz y bienestar, es indicador de que te puedes ir.

CON ESTO SÍ...	CON ESTO NO...
Si sientes una atracción física y sexual hacia tu pareja, la cual lo pone en una categoría especial para ti, en la que te atrae de una manera que nadie más te atrae, seguramente será buena decisión si te quedas, siempre y cuando no existan razones de peso para irte. Recuerda que a veces la pasión nubla la inteligencia.	Si ya has hecho diversos planes y compromisos de un estilo de vida que no incluye a tu pareja, entonces parte de ti ya sabe y ya decidió que serás más feliz si dejas tu relación. La mayoría de la gente que hace esto no está contenta con lo que está viviendo y asume una brecha de afinidades, por lo cual empieza a separarse poco a poco y le cobra al otro los costos de quedarse en la relación. Si lo que haces parece "como que ya estás dejando tu relación", y actúas "como si ya la estuvieras dejando": ¡la estás dejando! Tú eres quien mejor lo sabe.
Si realmente puedes dejar ir el problema y lograr que te deje de molestar, existe una verdadera oportunidad de quedarte en tu relación. En una relación con un futuro, los individuos pueden manejar ciertos problemas que no se logran resolver, pero recuerda que hay de problemas a problemas. Si ya no lo toleras, en un futuro menos lo tolerarás.	Si tu pareja es demandante, controladora, dominante y abrumadora, tiende a minimizar tus necesidades, a despreciar tus intereses y a limitar tus acciones, seguramente te sentirás mejor fuera de tu relación. También la imposibilidad de conversar y comentar temas que son de tu interés son malos indicadores. La sensación de humillación e invisibilidad en tu relación te facilitará decidir.

CON ESTO SÍ...	CON ESTO NO...
Si tu pareja se interesa y te apoya en las cosas que te son de gran importancia, y lo hace de una manera concreta y sustancial, haciéndote sentir acompañado y querido, estás en una relación buena como para dejarla ir.	Vivir en la duda permanente y en la mentira tiene muy mal pronóstico. Estar con una persona mentirosa, que incluso quiere convencerte de sus mentiras haciéndote dudar de tus percepciones, hace también de tu relación una plataforma poco confiable.
Si tu pareja muestra una señal verdadera de poder cambiar respecto al problema que hace que tu relación sea muy mala para quedarte, existe una posibilidad de que haya algo sano y vivo en la base de su relación y no serás feliz si te das por vencido en este momento. Es la habilidad para cambiar la que puede transformar tu relación, pero no sólo con intenciones sino con hechos concretos.	Si te das cuenta de que en realidad no te gusta tu pareja, que aunque sea buena persona no puedes convivir con ella en cercanía e intimidad, entonces tu amor es de amistad o de hermandad, pero no de pareja. Por otro lado, si tu pareja te demuestra claramente que no le gustas, también serás más feliz si te vas. A la larga, si no te gusta: no lo amas lo suficiente para vivir de a dos. Si no le gustas: no te ama lo suficiente para vivir de a dos.
Cuando hubo un dolor o una traición que te llevó a pensar en terminar tu relación, pero que con el tiempo ha ido sanando y se ha ido perdonando, es posible que trabajar en ello permita que te recuperes y merezca la pena continuar.	Si no estás dispuesto a dar sin recibir nada a cambio, evidentemente no estarás feliz si te quedas. Cuando no queda nada más que dar, no queda nada.

CON ESTO SÍ...	CON ESTO NO...
Si tu pareja y tú comparten metas y sueños para su futuro, si existe algo sobre lo que planean su vida y les importa más que cualquier otra cosa dado que le da sentido a su vida, puede ser que tu relación sea suficientemente buena como para dejarla. Compartir una pasión hace que sea más fácil compartir una vida.	Si uno de los dos ha dejado de querer tocar al otro o ser tocado por el otro, y esto sigue pasando por varios meses sin señal alguna de cambiar, están haciendo una profunda declaración sobre lo distantes que están el uno del otro. Difícilmente serás feliz si te quedas.
Cuando existen varias personas a tu alrededor, en quienes confías, y te quieren, que te dicen que te estás precipitando y que ven que la relación que vives con tu pareja tiene muchas posibilidades de mejorar, valdría la pena que consultaras tu caso antes de tomar la decisión de partir.	Si existe algo que haga tu pareja que causa que la relación no sea buena para quedarte, y si además has tratado de que lo reconozca y simplemente no lo hace, el problema sólo se hará peor con el tiempo. Si no estás contento con la idea de vivir con un problema que siga empeorando, será mejor que te vayas. Si a esto agregamos que tu pareja no puede ni siquiera ver qué es lo que hace mal que ocasiona que te quieras ir, es tiempo de partir.
Si tu pareja lleva tiempo sintiendo que te alejas de ella y preguntándote qué te pasa, y tú por pena o temor a lastimarla no le has compartido tus dudas, tu insatisfacción y tu malestar, valdría la pena darte la posibilidad de hablarlo para ver si algo de tu relación —que nunca has trabajado— se puede transformar.	Si has aclarado tus límites y tu pareja de igual manera los ha violado, será difícil ser feliz si te quedas. Cuando se traspasa una "línea límite" y lo permites, empiezas a generar violencia hacia ti mismo.

CON ESTO SÍ...	CON ESTO NO...
Cuando algún problema vivido te ha llevado a perder la confianza en tu pareja, pero al momento de planteárselo ella habla con la verdad, y constatas que lo que te dice es cierto, vale la pena cuestionar si el problema se puede trabajar para dar una segunda oportunidad.	Si el tipo de vida que prefieres y anhelas es imposible de lograr con tu pareja, y si crees que no puedes ni quieres renunciar a eso que con tu pareja nunca podrás lograr, has de cuestionarte el irte. Tu relación es parte de tu vida, pero no toda tu vida.
Si tu pareja siempre te ha tratado con respeto y consideración, y sabes que con ella estás en un lugar seguro, vale la pena buscar con ella maneras de tener nuevos acuerdos y una mejor negociación.	Cuando vives con tu pareja como un extraño: no lo entiendes, te parece distante, incompatible contigo, puede ser mejor marcharte. De alguna manera, uno debe poder reconocerse en algo propio en los ojos del otro.
En pocos espacios y con pocas personas te sientes tan íntimamente cercano como con tu pareja. A pesar de los problemas que viven sabes que con ella puedes mostrarte como eres y ser respetado y cuidado. Por eso vale la pena luchar por la relación.	Si tu pareja te está convenciendo de que eres culpable, perdedor, tonto a través de palabras y acciones irrespetuosas, y está comenzando a dañar la manera en que te ves a ti mismo haciéndote dudar de tus capacidades, es momento de partir. No permitas que te debilite más.
Si reconoces que tú no has dado lo que podrías dar por mejorar las cosas; si descubres que has culpado a tu pareja sin voltear a ver lo que has hecho tú para que las cosas empeoraran, revisar tu responsabilidad antes de terminar puede ayudarte a continuar.	Descubrir que por el trato que recibes de tu pareja prefieres estar sin ella, pues disfrutas más los espacios no compartidos, es indicador de que te quieres marchar.

CON ESTO SÍ...	CON ESTO NO...
Si muchas de las actividades que compartes con tu pareja aún te son divertidas y te reportan bienestar y placer, es posible que haya mucho aún por reconstruir.	Dejar a tu pareja te llevaría a perder cosas que, si bien son buenas, no las consideras particularmente importantes para ti. En este caso lo que te ofrece tu pareja no lo extrañarás tanto si renuncias a ello, dado que valoras más lo que sí recuperarás con tu libertad.
Las muestras espontáneas de cariño y ternura que tiene tu pareja contigo son auténticas y sabes que hablan de que te tiene un verdadero amor. Al no estar motivadas por el miedo a perderte es posible que haya algo por hacer en común.	Si viviste un daño muy grande, y quisieras sanarlo, pero tras varios intentos no puedes manejarlo, difícilmente podrás encontrar un lugar seguro dentro de tu relación.
Tu pareja tiende a buscar espacios y estrategias para que tú puedas desarrollarte y crecer. Si no los promueve ella personalmente, reconoces que acepta tus necesidades de desarrollo y las apoya. Es posible entonces que esté dispuesta a trabajar contigo lo que hoy los tiene estancados en una crisis.	La frustración constante, el miedo permanente y la privación cotidiana hablan de necesidades insatisfechas y son experiencias que muestran que esta relación no es tu hogar.

CON ESTO SÍ...	CON ESTO NO...
En general te sientes seguro y tranquilo con tu pareja. Aun en los momentos difíciles tu relación te aporta serenidad y paz interior. En un espacio seguro se abre la posibilidad de negociar muchas cosas.	Si tu pareja y tú no pueden llegar a un acuerdo sobre lo que significa la intimidad para ambos y cómo llegar a ella, y si mantener sus posiciones tiene más importancia que unir sus diferencias, probablemente serás infeliz si te quedas. Si al intentar acercarse se alejan, difícilmente podrán acercarse.
Tu pareja ya ha cambiado en situaciones difíciles anteriores y ha sostenido su transformación. Quizá esto que requieres hoy no ha sido planteado adecuadamente para que tu pareja lo pueda entender y considerar.	Si sientes que no existe la posibilidad de que tu pareja y tú se diviertan juntos estás viviendo sin esperanza de disfrutar la vida con ella. La diversión es un pegamento importante del amor.
Cuando tu pareja y tú se encuentran en espacios íntimos eróticos logran olvidar muchos de sus problemas y disfrutar juntos de su vida sexual. El fortalecimiento de su vínculo crece en la alcoba y te hace pensar que la energía que ahí recuperan les abre posibilidades de luchar por lo que tengan que superar.	Si no hubiera problemas en tu relación, y aún sigues sin saber si quieres estar en ella, estás indicando que existe una gran inconformidad con algo sobre tu pareja o sobre tu vida en común. Las personas que se han sentido así han estado bien cuando se van, asumiendo que la relación dio lo que podía dar. Cuando no sabes si quieres estar, aun sin la existencia de problemas, es que no te quieres quedar.

Una vez más has dado espacio a tu sentir al responder este ejercicio.

Suma los recuadros que anotaste en la columna derecha

_____

Suma los recuadros que anotaste en la columna izquierda

_____

Si hay más aciertos en la columna de la derecha tu verdad interior se inclina a dejar tu presente relación.

Si hay más aciertos en la columna de la izquierda tu verdad interior visualiza posibilidades de trabajar al interior de la relación y continuar.

Estando definido en cuanto a tu inclinación, más allá de que esto te produzca agrado o desagrado, gusto o disgusto —sentimientos que trabajaremos en el capítulo correspondiente a tu manejo emocional—, es importante que profundices sobre la opción a la que te inclinas o bien ya has elegido.

La lectura del próximo capítulo te permitirá reconocer las implicaciones de tu decisión y de esa manera podrás confirmarla, sostenerla y generar a corto plazo una ruta adecuada para llevarla a la acción.

CUADRO DE VALORACIÓN

Afirmando tu verdad interna

A. TRABAJO INDIVIDUAL

1.	Confirmas que deseas marcharte	sí	no
2.	Confirmas que me deseas quedarte	sí	no

B. TRABAJO DE INTROSPECCIÓN

Reflexiones

Conclusiones

7. VALORANDO TUS OPCIONES

Existen dos opciones en la vida: aceptar las condiciones tal
y como existen, o aceptar la responsabilidad de cambiarlas.

DENIS WAITLEY

Es probable que a estas alturas de la lectura tengas mucha
mayor claridad de lo que quieres hacer en relación con tu vida
de pareja. De cualquier modo, en este capítulo recorreremos
las implicaciones de cualquiera de las tres posibilidades que
se derivan del trabajo que hasta aquí has realizado: quedarte,
separarte o bien, divorciarte. Cualquier decisión que tomes
en la vida, especialmente una tan importante como terminar
o continuar una relación de pareja, siempre estará mejor tomada si te informas y profundizas en lo que implica cada una
de las opciones posibles.

No puedes conocer a ciencia cierta el futuro, y además,
toca asumir que toda elección conlleva renuncias y ciertos
riesgos, pero profundizar en la opción que has escogido te
dará mayor claridad de lo que viene por vivir y te permitirá
asumir con conciencia y responsabilidad tu decisión.

Entre el miedo y la huida...

Antes de adentrarnos en tu elección propiamente dicha, revisemos tu manera común de afrontar asuntos importantes. Sin duda tu personalidad, tu historia, el ámbito en el que te mueves tienen un peso en ti y en tu manera de encarar los desafíos de la vida. Sin que te violentes o trates de ser quien no eres, vale la pena que tomes en cuenta los siguientes modelos de reacción:

El miedo como guía: Hay personas que tienden a estar encarceladas en sus propios miedos; con frecuencia el temor se apodera de ellas y les impide moverse hacia cualquier dirección. Quien vive inundado por el miedo tiende a enfocarse en todo lo negativo que puede ocurrirle en vez de visualizar el propósito de la decisión que está por tomar.

Con frecuencia dejarse dominar por el miedo tiene como motivaciones evitar el dolor, asegurar cierto confort, no atravesar el camino de lo desconocido y no correr ningún riesgo. Esta manera de actuar, si bien puede reflejarse en cualquier área de la vida, en una decisión conectada con la relación amorosa, puede causar estragos particulares. ¿Te sientes identificado con esta manera de decidir?

Existen diversos tipos de miedos: miedos innatos, como el miedo a la oscuridad, miedo a los animales, miedo al abandono. También existen miedos aprendidos desde la infancia: un niño ve el mundo de acuerdo con las experiencias que tuvo con sus cuidadores primarios, y éstas pudieron haber sido experiencias de seguridad o de inseguridad, de previsión o de imprevisión, de control o de descontrol. De estas primeras vivencias, junto con otros factores varios, construimos como adultos el mapa de nuestros miedos. Sean cuales sean sus orígenes, en términos generales la experiencia del miedo paraliza a quienes lo experimentan.

José Antonio Marina, en su libro *La anatomía del miedo*, nos describe cuatro tipos de aprendizajes en relación con el miedo:

- Los sucesos traumáticos: un accidente, una violación, una separación dolorosa, cualquier evento violento.

  Podríamos afirmar que si en tu vida hubo eventos que te generaron experiencias traumáticas, éstas pueden resurgir en el presente desencadenadas por la situación que atraviesas.

- Los sucesos penosos: como sería el recibir repetidamente humillaciones, burlas, y agresiones.

  En la vida de pareja, estar sujeto a cualquier tipo de violencia puede generarte miedo tanto a continuar con la vida en común como a enfrentar un proceso de separación y divorcio. Hay quienes no se permiten sentir este tipo de miedo debido a la magnitud del mismo; en algunas ocasiones el riesgo real que corren los lleva a minimizar su malestar y justificar al cónyuge maltratador.

- Los miedos aprendidos socialmente: aquellos que se integran al imitar a otras personas.

  Existen personas que internalizan el malestar de gente cercana a quien han visto —satisfechos o insatisfechos—, ya sea dentro de una relación de pareja, o bien fuera de ella.

- Los mensajes que generan alarma: información que va de boca en boca pronosticando riesgos, malestares y desgracias.

  Esto sucede cuando amigos o conocidos te informan de "todos los peligros" que enfrentarás si te separas, o por el contario, "los malestares sostenidos" al continuar con determinado tipo de vida conyugal.

¿Cómo decidir si el miedo es un principio rector en tu vida? Sin duda es necesario reconocer en ti mismo si experimentas esta sensación de miedo. También es importante revisar de dónde viene esta vivencia de temor para luego ubicarte en el presente y distinguir que una cosa es ser consciente de las dificultades y renuncias que implica cualquier decisión que tomes en la vida, y otra cosa muy distinta es vivir anticipando catástrofes.

Insistimos, si eres de las personas que se paralizan por el miedo, has de ser consciente de esta tendencia tuya: observar tu modo común de actuar te permitirá no caer en la parálisis y moverte en cualquier dirección que hayas elegido a pesar del temor que experimentes.

Reflexiona sobre alguno de tus temores; quizá dicha reflexión te permita darte cuenta de que algo de lo que tanto temes ya está sucediendo: ¿Tener que criar a los hijos solo? Tal vez ya lo haces… ¿Vivir en soledad? Quizá ya estás bastante solo… ¿Afrontar problemas económicos? Probablemente ya los estás sorteando. Al final del camino, no se trata de "no tener miedo" ante lo que estás viviendo, sino de dimensionar tu temor para manejarte mejor y "actuar a pesar del miedo".

Tener metas claras e ir avanzando a través de pequeños pasos hacia ellas facilita tolerar la ansiedad del cambio y los temores racionales e irracionales que surgen en el camino. Las pequeñas conquistas van debilitando los temores y confirmando que tu elección es la más oportuna y constructiva en este momento.

Otra manera de reaccionar es cuando la acción es la que manda: Las personas cuyo estilo de tomar decisiones se basa en la acción —sean o no impulsivas— tienen un punto de vista contrario a las que están regidas por el miedo. Estas personas están más dispuestas a tomar riesgos y luchar por lo que quieren. A diferencia de las personalidades temerosas, quienes tienden a la acción buscan moverse rápidamente. La clave en este estilo decisivo es que no te gane la acción irreflexiva —es decir impulsiva—, sino una acción razonada.

Es probable que tengas un poco de ambos estilos de decisión; quizá emplees uno en ciertos casos y el otro en diferentes circunstancias. Pero probablemente sea tu tendencia más dominante, sobre todo en situaciones de crisis, la que pesará más en los argumentos que te digas en relación con la desición de quedarte o no con tu pareja actual. Si bien la personalidad no te determina, sí genera cierto condicionamiento a actuar de determinada manera; por eso, en una decisión tan crítica como la que estás viviendo no tienes por qué responder con el mismo patrón con que siempre lo has hecho. Toma en cuenta que hoy requieres manejarte de manera diferente ante una situación que probablemente nunca has enfrentado, y eso requiere de una particular reflexión y de un cuidadoso manejo para que llegues al puerto deseado.

Si decides quedarte....

Un sinnúmero de parejas que sobrepasaron los momentos difíciles afirman que después de manejar los conflictos que las aquejaban su relación se hizo más fuerte, mejor y más profunda.

Puedes haber llegado a la decisión de conservar tu relación por diversas razones: quizá reconoces que aún hay entre tu pareja y tú cualidades como atracción, confianza, honestidad, compatibilidad y respeto. Tal vez descubres a lo largo de este recorrido que aún existen alternativas de solución que no habías visualizado y que por tanto no has probado: quieres hacerlo y te abres a la posibilidad de que puedan funcionar. Apuestas a dar tiempo y dedicación para intentar que la relación funcione.

Para continuar en esta línea es importante que ambos entiendan que toda relación tiene ciclos que suben y bajan, pero que es necesario que los dos estén en disposición de hacer todo lo que puedan para sacar lo mejor el uno del otro. Es más fácil "mover la carreta" por dos que por uno solo…

Luchar por mejorar una relación conflictiva requiere que te cuestiones con honestidad por qué quieres continuar en ella. Te compartimos algunos puntos de reflexión para que te sostengas en tu posición de manera consciente y no como una salida fácil a una situación compleja.

1) Ignorar el problema y desear que se termine:

Permanecer en una relación —con las mejores intenciones— ignorando el problema que existe, no es razón suficiente para que la relación funcione. Hay quienes quieren "tapar el sol con un dedo" con el fin de no poner en riesgo la familia, la estabilidad personal, o incluso por no lastimar a la propia pareja.

Si existe un problema entre tu pareja y tú, ignorarlo o minimizarlo no resolverá nada. Una actitud así "calmará la tormenta" por un tiempo, pero a la larga te llevará a descubrir que nada cambió en la relación y entonces te darás cuenta de que debiste haber actuado de otra manera y con mucha mayor anticipación. Posponer la reflexión consciente sobre tu situación y la toma de decisiones adecuadas —por no atravesar el amargo momento de la verdad— sólo conlleva riesgos futuros y situaciones que pueden ser aún más amargas y frustrantes.

Uno de los peligros concretos al ignorar los problemas es que inconscientemente uno o ambos individuos de la pareja insatisfecha generen una gran crisis para hacer insostenible la relación y terminarla caóticamente: una infidelidad, la generación de un desastre económico, una adicción o una crisis emocional llevan a quiebres estrepitosos. Una crisis de este tipo puede ser la puerta de salida ante un dilema que consciente y voluntariamente no se puede resolver, pero sin duda hay mejores maneras de tomar acuerdos y de cuidar a cada uno de los involucrados en la relación.

Otra situación no poco común en las parejas evasivas es desarrollar una enfermedad psicosomática que debilita a alguno de los miembros de la pareja o a alguno de los hijos, lo cual hace que la atención de los cónyuges se centre en ella y no en la resolución de fondo de la relación.

Por eso es importante que asimiles que evitar problemas inmediatos no es una buena razón para quedarte. Puede haber otros argumentos válidos, y maneras más oportunas de hacerlo. Te sugerimos a continuación dos maneras de trabajar activamente en tus problemas.

2) Para trabajar en tus problemas tienes dos caminos concretos...

a) Intervención interna:

Seguramente al intentar resolver sus diferencias tu pareja y tú han caído en círculos viciosos que han hecho crecer el conflicto en vez de resolverlo. Es probable que ambos tengan recursos internos para trabajar con su relación que no han sido explorados por ustedes. Para conocerlos y hacer uso de ellos tendrán que aprender e implementar nuevas formas de comunicarse, conectarse y contenerse para resolver los obstáculos que se presentan dentro de su relación. Pueden consultar libros de autoayuda, novelas, películas, cursos y talleres que abran puertas nuevas a situaciones de vida cotidianas.

Otro ejemplo de intervención interna es crear proyectos comunes nuevos que traigan consigo ideas y retos frescos para la relación, así como nuevos escenarios a explorar y diferentes situaciones a consensuar y resolver. Sabemos que involucrarte con tu pareja en planes que les generen mutua ilusión a mediano plazo puede sumar cosas positivas a sus vidas así como espacios compartidos que resulten un desafío estimulante. Está comprobado que implicarse en retos comunes tiene un efecto endocrino que favorece condiciones vinculantes para la relación. Algunos ejemplos pueden ser: implicarse en un nuevo trabajo, mudarse de casa, tener un *hobby* con cierto grado de dificultad, pertenecer a un grupo de servicio…

También es útil crear espacios individuales: proyectos propios a los cuales la pareja entra sólo por invitación de su cónyuge o por conversaciones compartidas. La vida de pareja requiere de cierta autonomía de sus miembros que permita a cada uno espacios de desarrollo individual. La distancia entre los integrantes de la pareja permite que fluya el deseo por acercarse al otro y compartir, del mismo modo facilita el autoconocimiento, la conciencia de las similitudes y de las diferencias, y con ello el respeto a la alteridad.

Sin duda otro modo de intervenir de manera interna en tu relación es cultivando buenas redes de amigos y de familia; ambas, manejadas de manera consensuada y dosificada, favorecen el equilibrio en la vida de pareja. La convivencia con los demás: compartir conversaciones con buenos amigos, las redes de apoyo con familiares, enriquece la vida de pareja introduciendo nuevos modelos de convivencia así como variedad de informaciones al mundo conyugal. Esto no significa que la pareja descuide la preservación de los espacios propios donde no cabe nadie más —ni los propios hijos—: espacios donde el encuentro y el intercambio entre los amantes consolida la riqueza de la unión.

b) Intervención externa:

Son muchas las formas de intervención externa que pueden dar apoyo a la pareja en la nueva etapa que inicia: terapia de pareja, *counseling*, *coaching*, asesoría religiosa, espiritual, legal o mediación. Todos éstos son algunos ejemplos de apoyo exterior que pueden acompañar este proceso. No podemos dejar de señalar que para que estas intervenciones funcionen es necesario que ambos tengan el deseo y el compromiso de trabajar con los asesores.

Ningún terapeuta, ningún médico ni nadie puede hacer que una persona cambie; es la persona misma que desea cambiar quien puede lograr la modificación de su conducta. Si en este proceso estás esperando que sea tu cónyuge quien se transforme —antes que tú—, quizás te quedarás esperando. El cambio personal impulsa que el otro cercano requiera moverse: como en un juego de ajedrez, ante tu jugada, el otro debe reposicionarse. Así que toma responsabilidad de tu propia transformación confiando en que la diferencia que introduzcas en tu vida tendrá un impacto en la vida de tu pareja. Nada cambia si no cambias algo, y al único que puedes cambiar es a ti.

Te compartimos algunas preguntas que pueden ayudarte a reflexionar sobre tu relación actual y la decisión que has tomado de quedarte en ella:

- ¿Qué posibilidades de crecimiento personal me facilita y le facilito a mi pareja?
- ¿Qué fuerzas suma nuestra unión y favorecen el crecimiento de nuestra relación?

- ¿Qué desarrollos personales evité o pasé a un segundo plano en aras de favorecer mi relación de pareja?
- ¿Qué déficits personales puede compensar mi vida en pareja?
- ¿Qué errores personales se pudieron evitar de haber escuchado a mi pareja?
- ¿Qué me resultó atractivo al principio de mi relación que ahora se ha convertido en una molestia?

Las respuestas a estas preguntan te ayudarán a ser honesto contigo mismo. De nada sirve ignorar o negar los aspectos negativos de la vida en común con tal de mantener una "paz" barata. A veces es necesario poner "el dedo en la llaga" para que no quede afectado el propio desenvolvimiento en la relación, y para facilitar que el espacio compartido sea generador de satisfacción y crecimiento para ambos.

Si decides separarte...

Vivimos en un mundo que tolera poco la ambigüedad, y eso tiene su valor en ciertos casos, pero la complejidad de las relaciones humanas incluye tantos matices que no siempre son considerados, que una postura intermedia puede permitir descifrarlos y a partir de ellos afinar la decisión. Ante la imposibilidad de definirte entre quedarte o irte puedes optar por separarte: tomar esta decisión de manera concienzuda no es evadirte ni negar lo que vives, es elegir un camino intermedio que facilite la determinación definitiva.

Separarse de común acuerdo puede resultar de gran ayuda para clarificarse: ya sea para crear un nuevo modelo de relación comprometida que no sea el convencional, ya sea para regresar al modelo de pareja previo pero con la transformación necesaria para salir del círculo vicioso vivido y mejorar la relación, ya sea para avanzar en el proceso de divorcio.

Hay quienes piensan que separarse es siempre un paso para la disolución definitiva de la relación, y dejan de ver que en ocasiones una separación es el escalón necesario para una visión más global de la dinámica de la pareja que en ocasiones lleva a la reparación de la misma. No podemos dejar de decir que una vez separada la pareja, ambas opciones pueden darse —mucho depende del punto en el que se encontraba la relación así como del deseo de cada uno de sus miembros—, pero también consideramos que la separación puede facilitar afinar la decisión sin necesidad de aplazarla innecesariamente o de anticiparla irreflexivamente. Una separación generalmente facilita un proceso de cambio, si bien al decidirla nunca se sabe a ciencia cierta el resultado final.

Pensar en la opción de separarte puede generarte un gran miedo a perder el control de tu vida de pareja en general y de tu cónyuge en particular. Si tomas la decisión de separarte es bueno contar con algún tipo de ayuda profesional; transitar cabalmente dicha experiencia puede facilitarte tanto el retorno con tu pareja como la terminación más pausada y pensada de la relación. En general terminar una relación después de una separación planeada mitiga los problemas de violencia y facilita un convenio de divorcio más justo y expedito.

Existen cuatro razones principales por las que puedes haber elegido la separación:

1) **Para obtener una perspectiva diferente de tu relación y decidir si tiene futuro o no.**
Al estar preparado para alejarte de tu pareja por un tiempo, podrás observar la relación desde un punto de vista más claro y objetivo. Por lo general, parejas que han hecho esto se dan

cuenta de que su amor es mayor a la necesidad que tienen el uno del otro. Con la distancia podrás confirmar si extrañas y quieres a tu pareja, y descubrir que aunque podrías vivir sin ella deseas regresar por el amor que le tienes y por todo lo que han construido juntos.

También puede darse el caso de que el distanciamiento te lleve a descubrir que no extrañas la vida en común y que incluso constatas que la distancia te proporciona una sensación de ligereza y paz que hacía mucho no experimentabas. Seguramente sentirás que algo te falta, que echas de menos muchas cosas, pero es importante distinguir si lo que extrañas es a tu pareja, o bien a tu casa, o a tus hijos, o incluso al perro: esta experiencia de extrañamiento en relación con una etapa de la vida y con un estilo de convivencia no es razón suficiente para reactivar una relación.

2) Para obtener una perspectiva diferente de tu relación y ver si algo se transforma en ti, en el otro, en la relación:

La experiencia de vivir sin tu pareja hace que se reduzca la dependencia del uno con el otro y facilita retomar la propia autosuficiencia. Atravesar una separación, aunque sea temporal, te permitirá tomar responsabilidad de tus acciones, trabajar contigo mismo y dejar de culpar a tu pareja por tus problemas y por todos los conflictos de la relación. La separación *per se* obligará a ambos a mirarse de manera distinta y a actuar de manera diferente. Esta transformación puede facilitar la reconciliación o bien mostrar caminos que no se habían elegido para resolver los problemas. Por el contrario, a veces el tiempo y la distancia no cambian nada, y eso permite constatar que hay poco o nada por hacer para sostener el vínculo.

Para llevar a cabo cualquier tipo de separación algunas parejas solicitan ayuda profesional. El apoyo de un tercero especializado facilita aceptar ciertos lineamientos de común acuerdo: por ejemplo, el no pedir un divorcio durante el tiempo acordado, darse la distancia necesaria —en tiempo y espacio— para lograr obtener una perspectiva diferente de los problemas o para sanar ciertas heridas, incluso para acordar el tipo de intercambios que sí pueden tener y la forma de los mismos. Al término de la separación, la cual puede durar entre tres y nueve meses, la pareja estará en mejores condiciones de valorar de nuevo sus metas con la esperanza de volver a unirse.

No todas las parejas deciden regresar después de este proceso, sin embargo un periodo de distancia resulta ser generalmente de gran ayuda para casi todos los que lo prueban.

3) Para crear un nuevo modelo de relación:

Existen muchas parejas que gracias a la decisión de vivir separadas por cierto tiempo de la semana, del mes o incluso del año, eligen un nuevo modelo de relación que les permite seguir juntas y tener una relación o un matrimonio bastante bueno.

Vivir separados no absuelve a ninguno de los miembros de la pareja de su responsabilidad de trabajar en la relación, ni de cumplir los acuerdos que consideran necesarios para seguir siendo la pareja que desean. Si bien ambos disfrutan de una cierta autonomía, también comparten la meta de crear una conexión más sana, estimulante y gratificante entre ellos.

Muchas personas piensan que este modelo —conocido como *"living apart together"*— no es comprometido porque no se comparte la casa, o el cuidado de los hijos, o el dinero, o las mascotas, entre otras cosas. Nosotros pensamos que existen parejas que logran acuerdos bastante exitosos en los que sí comparten sus obligaciones al tiempo que generan la distancia necesaria para manejar sus problemas, respetar sus diferencias e intercambiar su amor.

Lo eficaz de cualquier modelo amoroso no tiene que ver con que sea el más común o el más aceptado por la sociedad, sino con la determinación concienzuda y responsable de la pareja que lo genera. El objetivo de cualquier acuerdo de pareja ha de ser cuidar de uno mismo, del otro, de la familia —si es que existen hijos— y de la relación. Las relaciones humanas, sean cuales sean los acuerdos, son comprometidas. A veces acuerdos que pueden parecer inusuales para algunos, son lo que otros necesitan para conservar lo más valioso de su relación.

Sin duda el aspecto económico y el tema de los hijos —cuando los hay— son limitantes para algunos modelos. De cualquier modo, conservar una relación suficientemente buena merece la búsqueda e implementación de ciertos acuerdos novedosos que la permitan, asumiendo sin duda ciertos costos que implica su conservación. Algunas parejas que exploran esta posibilidad llegan a acomodarse temporal o definitivamente con el nuevo modelo "diseñado a la medida" de su relación. Otras deciden, con el paso del tiempo, volver a vivir juntas.

4) Para tomar un primer paso hacia el proceso de divorcio:

Ésta es la forma de separación que la mayoría de las personas conocen y por lo tanto es la más común en nuestra sociedad. Las tres opciones planteadas anteriormente en general no son tomadas en cuenta, pensando que separarse es siempre el preámbulo de la disolución definitiva; por eso mucha gente que se separa considera que las posibilidades de volver son muy bajas.

Basta que una persona no quiera continuar con una relación para que ésta tienda a la terminación: una relación amorosa necesita de dos individuos para ser creada, pero basta con la decisión de uno para terminarla.

Cuando la separación se dirige hacia el divorcio es importante dejar pasar un periodo de asentamiento antes de cambiar las reglas del juego de la relación. A veces un mes es suficiente para que se apacigüen las cosas, sobre todo cuando hay hijos de por medio. Una de las primeras reglas que normalmente no se aplica —pero que es bastante lastimosa— en estos casos de separación es la de la exclusividad sexual. Para no generar "turbulencias" innecesarias es importante que seas cuidadoso con el manejo de tu libertad para no crear dolor innecesario durante la transición. Poder llegar a ciertos acuerdos antes del trámite del divorcio —no sólo en términos del manejo de la sexualidad sino de diversas áreas— te allanará el camino para lograr un buen cierre. Es importante que incluso la finalización de tu relación te permita honrar lo que sí hubo entre ustedes en "los buenos tiempos".

La separación con miras al divorcio es una manera de prepararte para tomar las riendas de tu vida de manera individual. Al mismo tiempo es una forma de evitar conflictos mayores atenuando posibles indiferencias, silencios lastimosos y agresiones innecesarias que pueden aparecer con mayor facilidad de continuar la convivencia cotidiana.

Al considerar un divorcio debes ser lo más honesto posible contigo y con tu pareja, así como tratar de mantener una relación cordial con quien será tu ex. Un manejo oportuno en este momento te permitirá atravesar mejor el proceso así como construir un equipo de padres eficiente en caso de tener hijos en común.

Es importante que anticipes, en la medida de lo posible, cómo será tu vida una vez concluida la relación: hay quienes idealizan el retorno a la soltería sin visualizar los retos que requieren atravesar para la conquista de la futura libertad.

Si decides divorciarte...

*Que no exista una buena razón para quedarse
es una buena razón para marcharse.*

Tomar la decisión de divorciarse no es fácil, y llevar a cabo un divorcio tampoco es cosa menor. Con esto no estamos diciendo que divorciarse tenga que ser una tragedia, pero sí que requiere de una mirada realista del proceso y también necesita de una planeación.

Suponemos que si a estas alturas del camino te has decidido por esta opción es porque seguramente ya has explorado previamente muchas otras alternativas: ya intentaste cambiar en forma personal y facilitar el cambio de tu pareja, ya probaste soluciones a tus conflictos y éstas no han dado los resultados esperados, quizá incluso ya has consultado a profesionistas e intentado intervenciones en común. Todo esto te habrá llevado a pensar en decidirte y aceptar que aunque es doloroso, divorciarte es la mejor opción dada tu situación.

Existen tres factores que distinguen esta opción de las dos anteriores mencionadas en este capítulo:

Una decisión definitiva:

El divorcio marca el fin de un tipo de relación de pareja y de un tipo de familia. Si bien la familia no se deshace puesto que los lazos consanguíneos son indisolubles, su conformación sí se transforma. El divorcio tiende a ser una decisión definitiva y generalmente no existen —ni debe jugarse con esa posibilidad— segundas oportunidades una vez que se ha tomado este camino. Existen algunas situaciones, las menos, en que se puede dar marcha atrás, pero por eso sugerimos que es mejor probar una separación temporal antes de hablar de divorcio.

Cuando una pareja no tuvo hijos, la separación y el término de la relación son más pronunciados: estas parejas no tienen razón alguna para seguir en contacto, excepto que decidan mantener una amistad —la cual rara vez se consolida en un primer momento—. Para algunos esto es una muy buena noticia, en tanto que la vida se puede continuar sin mayores ataduras al pasado, pero para otros puede ser una pérdida muy grande, ya que la pareja pasa de ser el compañero más cercano a un "externo" en el diario vivir.

Cuando hay hijos la situación es muy diferente. La paternidad y la maternidad obligan a mantener acuerdos sólidos e intercambios afables. Para muchos ésta es una de las partes más difíciles de manejar del divorcio: cuando hay hijos, tu ex seguirá siendo parte de tu vida siempre, y sólo con un equipo de padres cordial y eficaz lograrán acompañarlos cabal y amorosamente a lo largo de su vida.

Esto se complica de manera especial si alguno de los miembros de la pareja continúa enamorado: si éste es tu caso te invitamos a que tomes una terapia para poder poner una distancia emocional con quien será tu ex. Los acercamientos que implican los trámites del divorcio y el manejo de los hijos dificultan la separación emocional. Cualquier indicador de cuidado y cariño de parte de la otra persona puede ser entendido como una posibilidad de reconciliación, lo cual resulta muy doloroso dado que es una falsa expectativa.

Si, por el contrario, es tu ex quien está enojado contigo o continúa enamorado de ti, sé muy cuidadoso de no mandarle dobles mensajes; además, cuando menos los primeros meses mantén una distancia física y emocional suficiente para que no se confunda.

El alcance de transformación de las vidas involucradas:

Es normal que el divorcio o separación te preocupe y te ago-
bie. El matrimonio o la vida en pareja es como el crecimiento
de dos árboles juntos: mientras más años pasen, más largas y
entrelazadas estarán las raíces y más difícil será desenredarlas.
Por lo tanto tienes que prepararte para un proceso que toma
su tiempo. Acelerarlo o retrasarlo sólo generará más dolor.

Es inevitable afirmar que el divorcio tendrá un impacto en
tu vida, en tu familia, en tu hogar, con tus amigos, con tu manejo del tiempo y en tu desempeño laboral. Esto no significa
que las cosas no retomen con el tiempo su curso y vuelvan al
equilibrio, pero es importante asumir sus implicaciones para
que no te sorprendan a mitad el camino. Además de tu pareja y tú, tus hijos atravesarán su propio duelo. En términos
económicos, tener que sostener dos casas cambiará la economía de la familia: es probable que si uno de los cónyuges no
trabajaba o ganaba muy poco dinero, tenga que cambiar sus
rutinas para incrementar sus ingresos económicos. Las familias extensas y los amigos comunes van tomando partido, ge-
nerándose distancia con personas queridas que tendrán que
asumir alguna posición.

Es totalmente normal y aceptable que estos cambios te
provoquen un sentimiento de miedo y angustia por algún
tiempo. También es normal el dolor de las pérdidas que van
más allá que la pérdida de la relación de pareja. Lo importante a decidir es qué tanto el tiempo de duelo y de caos se pro-
longa innecesariamente y considerar si requieres de otro tipo
de apoyos para recuperar el orden de tu vida y tu bienestar.

Las marcas que pueden producirse durante y después del proceso:

A pesar de los avances sociales que se han dado en términos
de normalizar el divorcio como un hecho que pone fin a las

relaciones pobres o lastimosas, aún hoy buena parte de la sociedad lo sigue considerando como un evento negativo en la vida de las personas, incluso como un fracaso.

Se dice que el divorcio saca lo peor de las personas, no nada más de la pareja que rompe, sino de todos los de su alrededor. Tu divorcio te permitirá ver con quién cuentas en realidad; será bueno incluso que midas tus redes de apoyo antes del rompimiento, pues muchas personas "temen contagiarse" y se alejan de la pareja en lugar de brindarle su apoyo. Si bien esto puede ocurrir, también sucede lo contrario: nosotros conocemos muchas parejas divorciadas que han sacado lo mejor de sí mismas, y cuyo proceso de divorcio ha tenido como resultado un crecimiento emocional que les ha permitido seguir de forma muy exitosa con sus vidas.

El divorcio y la jerarquía de necesidades

La manera en que hoy se vive y se valora el matrimonio y el divorcio es relativamente reciente: nunca antes se habían establecido estándares tan altos en cuanto a "deber ser" para una persona, un matrimonio o una sociedad. Un esposo o esposa espera que su pareja cumpla con todas sus necesidades, tanto físicas y sociales como emocionales e intelectuales. Nuestra cultura ha fomentado que el objetivo del matrimonio sea construir una unión con una persona que cumpla con todas nuestras expectativas y satisfaga todas nuestras necesidades, incluso: "hasta que la muerte nos separe". Ante el fracaso de tan alto requerimiento también se juzga injustamente a aquellos que no lo alcanzan.

El "para siempre" no es una probabilidad muy realista en nuestros días; no queremos decir que sea imposible de lograr, pero las condiciones de vida han cambiado y las relaciones amorosas buscan más un intercambio afectivo difícil de sostener, que un contrato para sobrevivir y reproducirse como antaño, cuando además —sobra señalar— la perspectiva de vida era muy corta.

Por otro lado, las múltiples expectativas personales, así como la cada vez mayor sofisticación de las necesidades personales, hacen imposible que alguien se haga cargo de nosotros en su totalidad. De cualquier modo, es importante anticipar qué áreas de tu vida y tu persona se verán en déficit tras un divorcio y buscar la manera de irlas solucionando por ti mismo. Una mirada realista de esta situación te permitirá prepararte de manera oportuna para hacer frente a los cambios que vas a enfrentar.

Sin afán pesimista, queremos señalar que tus necesidades fisiológicas, de seguridad y de amor pueden verse amenazadas: es normal que visualices y que experimentes cierto desasosiego de que al terminar tu relación carezcas del suficiente dinero o de recursos para vivir, hasta llegar al punto de imaginarte con mayores limitaciones económicas. A esto se puede sumar una sensación de desprotección generalizada, acompañada del miedo a quedarte solo por el resto de tu vida. La simple idea de divorcio puede desencadenar muchos temores; sin duda atravesar por tu propio divorcio generará un cambio en tu estilo de vida, por lo que tendrás que adaptarte lentamente a todos los cambios, sin embargo has de confiar en que te has preparado lo necesario para hacerles frente.

Por otro lado, el divorcio también comprometerá tu necesidad de amor y pertenencia. Es probable que tu deseo de ser amado de una mejor manera tenga un gran peso sobre tu decisión de quedarte o divorciarte: en la actualidad es el tema del amor lo que anima a las personas a iniciar una relación de pareja, y es por tanto esa misma una de las principales razones que impulsan la decisión de divorciarse.

Algunos individuos experimentan sentimientos de baja autoestima a lo largo de este proceso; si es tu caso, recapitula cómo te sentías antes de iniciar tu vida de pareja: probablemente vivías más seguro y definido. Confía que el tiempo y el manejo adecuado de la situación te permitirán recuperarte para poder mejorar tu sensación de valía personal y de competencia ante los retos de la vida.

Hay quienes, tras la decisión de divorciarse, creen que han fallado en lograr que su relación funcione, en mantener el amor de su pareja o en mantener sus creencias sobre el amor. También sienten que les han fallado a ellos mismos, a su pareja, a sus hijos e incluso a la sociedad. Estos sentimientos son totalmente inútiles para atravesar la crisis y para continuar con la vida; de hecho son una visión sesgada generada por la tormenta emocional y la pérdida de autoconfianza. Ten la certeza de que retomarás perspectiva y de que con el tiempo visualizarás las bondades de tu decisión así como las nuevas oportunidades que te brindará la vida.

Consolidando tu decisión final

Es importante, durante este camino, que te rodees de gente que te apoye para que encuentres tu propia verdad, absteniéndose de manipularte con creencias fundadas en su propia experiencia. No te dejes influir por quienes alimentan tu beligerancia o tu revancha: es más fácil divorciarse si te "empoderas con el enojo", pero también es más probable que dicha actitud deje muchos cadáveres en el camino —incluyendo entre ellos a tus hijos y a tu propio corazón—.

Está también en ti decidir escuchar a quienes muestren más equilibrio y sabiduría, pero sobre todo escuchar esa propia voz interior que has venido gestando desde que iniciaste la lectura de este texto. Escuchar a quienes tienen algo valioso que decirte, así como escucharte a ti mismo, te facilitará tomar una decisión más consciente e integral.

Si sientes que vas a regresar al ciclo de la indecisión es probable que lo hagas para evitar escuchar aquello que sabes, en el fondo, que tienes que hacer. Detén ya tu preocupación de dejar muy rápido tu relación o de quedarte en ella de más: hoy tienes los elementos para validar tu deseo y tu necesidad de una u otra cosa. No es momento de regresar a la duda sobre si hiciste lo suficiente o no, ¡suelta los pensamientos obsesivos!: muévete de lugar, haz ejercicio, escucha música. Tampoco te sirve esperar a no sentir ningún tipo de afecto por tu pareja para poder soltarla: eso es casi imposible, pues siempre queda algo de cariño por el otro, lo cual no significa que la relación se pueda sostener más.

El divorcio no es fácil, pero recuerda que dejar una relación pobre o lastimosa es signo de salud mental. Hay casos en que la decisión se toma demasiado tarde y el daño a la pareja y a los hijos es irreparable, por lo que es de vital importancia salirse a tiempo de una relación destructiva o que simplemente no da para más. Muchas personas, tras su divorcio, afirman que debieron haber tomado la decisión antes para evitar un desgaste innecesario. No te precipites, pero tampoco esperes de más…

CUADRO DE VALORACIÓN

Valorando tus opciones

A. TRABAJO INDIVIDUAL

1.	¿Sientes que estás ignorando o minimizando el problema?	sí	no
2.	¿Predomina tu miedo a tu deseo de lograr metas importantes y crecer?	sí	no
3.	¿Han aparecido ya síntomas de querer evitar una decisión de terminar? (infidelidades, enfermedades emocionales o físicas, abusos emocionales o físicos, entre otros)	sí	no

Si contestaste **sí** a las preguntas anteriores:

¿Qué será lo que quieres evitar quedándote?

Si contestaste **no** a las preguntas anteriores:

¿Qué intervenciones internas planeas llevar a cabo para que tu decisión prospere?

¿Qué intervenciones externas planeas llevar a cabo para que tu decisión prospere?

B. TRABAJO DE INTROSPECCIÓN

Reflexiones

Conclusiones

Si tu decisión es **separarte**		
A. TRABAJO INDIVIDUAL		
1. ¿Pensar en una separación te abre una posibilidad que no habías contemplado?	sí	no
2. ¿Experimentas cierta tranquilidad optando por esta opción intermedia?	sí	no
3. ¿Confías en que dar el paso de separarte creará una distancia entre tu pareja y tú que facilitará clarificarte?	sí	no
4. ¿Confías en que dar el paso de separarte abre una posibilidad real de transformación en ti?	sí	no
5. ¿Confías en que dar el paso de separarte puede abrir una posibilidad de transformación en tu pareja?	sí	no
6. ¿Piensas que separarte te facilitará tomar una decisión definitiva hacia cualquier lado con más claridad y seguridad?	sí	no
¿Cuál razón o razones para separarte tendrían más sentido para ti?		
Razones	Tacha aquí	
Obtener una perspectiva diferente de tu relación y clarificar si tiene solución o no.		
Obtener una perspectiva diferente de tu relación y transformarte o transformar la relación.		
Crear un nuevo modelo de relación, probablemente con más distancia pero no menos compromiso.		
Dar un primer paso en el proceso de divorcio.		

Reflexiones

Conclusiones

Si tu decisión es **divorciarte**		
A. TRABAJO INDIVIDUAL		
1. ¿Estás decidido a dar por terminada tu relación de pareja?	sí	no
2. ¿Eres consciente de que la decisión de divorciarte difícilmente tiene marcha atrás?	sí	no
3. ¿Alcanzas a ver que el proceso de divorcio implica "des-atar" muchas áreas de la vida que están hoy vinculadas con tu pareja?	sí	no
4. ¿Visualizas el alcance de transformación de tu vida y la de todos los implicados si tomas esta decisión?	sí	no
5. ¿Has pensado en el impacto sobre tu área financiera?	sí	no
6. ¿Has pensado en el impacto sobre tu familia de origen?	sí	no
7. Si tienes hijos, ¿has pensado en el cambio de vida que les implicará?	sí	no
8. ¿Sabes a qué retos te enfrentas con tu entorno en caso de no ser aprobado por tu decisión?	sí	no
9. ¿Eres consciente de que no existe nadie que pueda satisfacer todas tus necesidades?	sí	no
10. ¿Confías en poder encontrar a futuro alguna relación que te proporcione algo suficientemente bueno?	sí	no
11. ¿Asumes la posibilidad de estar solo en vez de volverte a involucrar en una relación insuficiente?	sí	no
12. ¿Conoces con qué recursos materiales cuentas para dar este paso?	sí	no
13. ¿Conoces con quiénes cuentas para dar este paso?	sí	no
14. ¿Sabes que el divorcio no será fácil pero en tu caso vale la pena atravesarlo?	sí	no

8. MANEJANDO LO QUE SIENTES

Por muy larga que sea la tormenta,
el sol siempre vuelve a brillar entre las nubes.

JALIL GIBRAN

Seguramente puedes darte cuenta de que el proceso que has estado viviendo en relación con la permanencia o terminación de tu relación de pareja conjuga una infinidad de estados emocionales. Quizá te has sentido como en una montaña rusa, con subidas de entusiasmo y esperanza, y de pronto bajadas de miedo, enojo y desesperación. Es normal que experimentes una gama diversa de emociones en el trayecto, sea cual sea el camino que hayas elegido. ¡Raro sería que estuvieras impávido ante lo que has trabajado y resuelto en relación con un tema tan central!

Lo que pretendemos en este capítulo es que logres entender tu mundo emocional para que puedas interpretarlo y aprender a controlarlo a tu favor en el proceso de decisión/acción que atraviesas. Si bien ya estás prácticamente definido en cuanto a tu decisión, falta armar una estrategia para llevarla a cabo, y más aún, ejecutarla reflexiva y cautelosamente.

Hoy más que nunca la inteligencia emocional forma parte central de la inteligencia humana: sin emociones careceríamos de información relevante para tomar decisiones en nuestra vida, pero desbordados por ellas nublaríamos nuestra capacidad de pensar y actuaríamos desde una reacción impulsiva que no correspondería necesariamente a la situación que tenemos que afrontar.

¿Emociones o **sentimientos?**

Todos experimentamos emociones, forman parte natural de lo que somos y de quienes somos. Las emociones son un conjunto complejo de respuestas químicas y neuronales producidas por el cerebro ya sea porque detecta un estímulo exterior "real", es decir por la interacción con el exterior, o por un recuerdo que existe en nuestra mente que desencadena una emoción con las respuestas automáticas correspondientes.

Estas respuestas son una primera reacción que proviene de un cerebro que ha sido equipado para responder a determinados estímulos exteriores: la primera respuesta que demos será un cambio en el estado del propio cuerpo, que tiene como finalidad propiciar que el organismo se oriente a su supervivencia y bienestar. Es por esto que podríamos decir que las emociones son como una especie de radar que capta lo de afuera, es decir lo primero que impacta al cuerpo.

Tenemos también una variedad de repertorios conductuales aprendidos a lo largo de toda una vida de experiencias, por eso la continuación e intensidad de este estado emocional primario se debe a los sentimientos que genera. Entonces, primero se desencadena una emoción, seguida de una acción, y luego la generación de posibles sentimientos. La emoción pertenece a una reacción corporal y el sentimiento corresponde a una elaboración mental.

Es importante, entonces, distinguir las emociones de los sentimientos. Estos últimos no son reacciones primarias que apuntan a la conservación y a la sobrevivencia, sino que son interpretaciones mentales producto de una elaboración cultural o de significado, y por tanto están mediados por nuestro sistema de creencias. A lo que me amenaza de afuera —emoción— le doy un significado —sentimiento—.

Explicado así parece claro y sencillo; no obstante, en la realidad las dos experiencias ocurren casi simultáneamente. Sin embargo, los pensamientos que se relacionan con la emoción llegan poco después de que ésta haya comenzado, de ahí la dificultad de distinguirlos.

Si bien tenemos una predisposición genética a ser más o menos emocionales, mucho de lo que hacemos en el terreno de nuestra afectividad está moldeado por la cultura. Si hemos aprendido de nuestro contexto social, de nuestros padres y de la educación que hemos recibido que los sentimientos y emociones no deben manifestarse ni expresarse, muy probablemente desarrollaremos un analfabetismo emocional y nos sentiremos extremadamente vulnerables ante ellos, careciendo de un aprendizaje adecuado para manejarlos cuando surjan en nuestro interior.

Este analfabetismo emocional —y de alguna manera sentimental— se debe también, además de lo aprendido en nuestra historia, a heridas de la infancia. Todos, de una u otra manera, hemos crecido gracias a mecanismos de defensa que nos han preservado del dolor emocional. Los mecanismos de defensa tienen que ver justamente con la manera de suavizar la intensidad de nuestros sentimientos, llegando muchas veces a distorsionarlos, con el propósito de no ser lastimados de nuevo.

A lo largo de este libro hemos insistido en que la negación y la evasión no te van a permitir afrontar la realidad que vives y responder adecuadamente a ella. Si bien las defensas —racionalizar, proyectar, negar, evadir— en su momento cumplieron funciones importantes de protección a tu integridad emocional en situaciones que no sabías o no podías manejar, llega el momento en que entorpecen, más que facilitan, la resolución de conflictos.

El lenguaje de nuestro mundo emocional

Las emociones tienen todo un lenguaje propio que hay que escuchar y aprender a descifrar, ya que de alguna manera resume lo que hemos vivido —grato y doloroso—, así como da cuenta de nuestras preocupaciones, anhelos y temores. Estar atentos a nuestro mundo emocional, reconocer la emoción que está detrás de nuestras conductas, es una herramienta valiosa que nos permite comunicarnos con nosotros mismos. Quien no puede contactarse consigo mismo difícilmente puede comunicarse con los demás.

Confiar únicamente en el intelecto para autoconocerse y conocer el mundo circundante es una estrategia limitada y generalmente inhumana. No sentir es no estar vivo: los sentimientos expresan experiencias de dolor o de gozo, mientras que el pensamiento es la explicación de esa herida o de ese gozo.

El problema de un manejo alienado de nuestra vida emocional es que tanto los sentimientos como las emociones no reconocidas, expresadas y aceptadas nos llevan a prolongar su efecto doloroso, produciendo síntomas que merman la calidad de nuestra vida —cansancio, jaquecas, gastritis— y nos drenan energía. La agresión, la represión y la depresión serían efecto de estrategias defensivas inoperantes que resultan más lastimosas que beneficiosas para el funcionamiento cotidiano.

A veces enajenamos nuestra experiencia emocional porque connotamos desde un parámetro ético lo que sentimos. Es importante, por esto, aclarar que los sentimientos no están sujetos a juicio moral: no son ni buenos ni malos, simplemente son. Pueden ser agradables o desagradables, placenteros o molestos, producir energía positiva o negativa, por lo cual hay que saber canalizarlos, pero es un error sentirnos "buenas o malas personas" por los sentimientos que experimentemos: a veces atravesaremos experiencias gozosas que nos harán sentir bien, tranquilos, contentos, y en ocasiones experimentaremos situaciones de crisis que nos producirán justo los sentimientos contrarios.

La calidad de nuestra vida depende en gran parte de la manera en la que enfrentamos nuestros sentimientos y emociones, tanto en la resolución de nuestros problemas como en la conquista de nuestros anhelos e ilusiones. La vida de pareja no queda fuera de este paradigma; de hecho está bastante determinada por nuestro alfabetismo emocional.

Ser pareja es un hecho muy cargado emocionalmente: nos conecta con nuestros propios padres, con experiencias tempranas de vida, con carencias y necesidades profundas. Del mismo modo, el cuestionamiento sobre la viabilidad y oportunidad de continuar con nuestra relación crea una tormenta emocional que requiere ser aceptada, interpretada y manejada oportunamente. Cualquiera que sea el camino que elijas tomar, tu adecuación emocional y la conducción acertada de tu conducta no sólo te permitirá manejarte mejor, sino lograr una maestría emocional que sólo se conquista como efecto de madurez.

No olvides algo importante: si bien el mundo emocional no puede ser connotado moralmente, las conductas sí. No puedes ser juzgado por lo que sientes, pero eres totalmente responsable del efecto de las acciones que emprendas. Si hoy eres consciente de que las emociones fuertes impulsan a la acción irreflexiva, hoy más que nunca, en medio de la tormenta emocional que estás atravesando, requieres aprender a tranquilizarte y detenerte a pensar antes de actuar.

¡Tormenta emocional! Necesito un paraguas...

Estando en medio de la tormenta emocional en que te encuentras, te sorprenderás al ver que puedes aprender a controlarla, pero más aún al evidenciar los efectos positivos que esto tiene en tu persona y en tus decisiones. Es imposible evitar experimentar lo que sientes; de hecho hemos dicho que una estrategia de ese tipo resulta contraproducente, sin embargo podrás acoger tus emociones, mantenerlas vivas, pero previniéndote para que no te ahoguen y tomen el control de toda tu vida.

La clave para lograrlo es comprender el significado que le das a ciertas situaciones y reconocer el efecto emocional que esto produce en ti. De esta manera conquistarás una mayor tolerancia ante las incomodidades emocionales que experimentas, tomando de ellas la información que te aportan y manejando su impulso para no reaccionar mal.

A continuación te compartimos una lista de las habilidades que necesitas para controlar tus emociones.

1) **Deja de resistirte a los "malos sentimientos":** Recuerda que todos tenemos emociones "negativas" que nos hacen sentir mal, tristes o malos. Experimentarlos no significa que hay algo malo en ti, por tanto evita esconderlos a través de tácticas que te van a resultar contraproducentes: embotarte con la televisión, comer en exceso, consumir alcohol, criticar, entre otras.

2) **Administra tus emociones:** Tus sentimientos y emociones sobre un evento son una cosa y la manera en que los interpretas es otra. El significado o pensamiento que demos a los eventos que vivimos es lo que comienza a filtrar los sentimientos y determina el siguiente nivel de sentimientos que experimentamos.

Siempre puedes escoger cómo interpretar los eventos en tu vida. Al cambiar tu interpretación, cambiará la manera en que te sientas al respecto, así como tu forma de actuar ante los mismos. La mayoría de tus emociones son filtradas por tus pensamientos, los cuales han sido moldeados sobre todo por tus experiencias pasadas más que por la situación misma que estás atravesando. Es por esto que cada persona da respuestas emocionales diferentes ante el mismo evento.

3) **Crea hábitos en el pensamiento y crearás hábitos en el sentimiento:** Gran parte de tu perspectiva de la vida se basa en lo que aprendiste en tu niñez: inconscientemente desarrollaste maneras de pensar, las cuales eventualmente se convirtieron en hábitos. Hasta el día de hoy tus pensamientos están tan preprogramados y arraigados que probablemente la mayoría del tiempo no te das cuenta de su presencia, y es que cuando tienes los mismos pensamientos una y otra vez, los llegas a considerar verdaderos y a confiar en ellos sin reconocer que están determinando tu experiencia de vida. Puedes incluso llegar a asumir que todos ven al mundo de la misma manera que tú.

Por eso, primero has de desarrollar la habilidad de reconocer que tus pensamientos están ahí presentes. Esta conciencia te permitirá crear un filtro, estar más abierto a las reacciones de los demás y escoger tu propia manera de reaccionar. Cambiar de hábitos es un proceso que toma tiempo y práctica, pero paulatinamente podrás notar que este cambio te permitirá ver al mundo desde otra perspectiva y por tanto reaccionar de diferentes maneras.

4) **Resignifica tus pensamientos y responde diferente en tus sentimientos:** El significado que le das a ciertos

eventos puede cambiar cuando conscientemente haces un esfuerzo para interpretarlos diferente. Las creencias que tienes sobre ti mismo y el mundo tienen una gran influencia en cómo te sientes sobre ti mismo, tu pareja y tu relación. Los pensamientos que existen detrás de estas creencias están relativamente plantados en tu mente y no son resultado de lo que has aprendido sobre ti mismo, por lo que pueden ser remplazados con creencias y pensamientos nuevos. Abre tu mente a nuevas posibilidades de pensar y pensarte. Esto toma tiempo, pero puede ser muy valioso en tanto que transformará tus reacciones ante ciertas situaciones de la vida.

5) Distingue las emociones filtradas de las no filtradas: Los sentimientos que no son filtrados son constructivos, ya que suceden en el presente y responden a la situación que estás viviendo. Al reconocerlos y sentirlos, eventualmente pasarán. Por lo contrario, las emociones filtradas no tienen propósito, ya que son tanto visiones positivas como negativas del pasado o del futuro basadas en tus creencias sobre ti mismo, sobre los demás, sobre la vida. Claramente no nos beneficiamos de ellas y pueden durar tanto como queramos, hasta que controlemos los pensamientos que las crean.

Aunque el sentimiento o emoción experimentada sea el mismo —miedo, enojo o tristeza—, es importante distinguir lo que causó ese sentimiento. Normalmente optamos por evitar las emociones no filtradas en tanto que son intensas y nos hacen sentir fuera de control. Sin embargo, son ellas las que justamente traen consigo información necesaria para responder oportunamente a lo que nos está pasando, ya que a diferencia de las emociones filtradas, que están basadas en una historia que nosotros creamos, éstas sí nos muestran la realidad actual.

6) **Confirma lo que sientes:** Si bien las emociones básicas se parecen —felicidad, sorpresa, enojo, tristeza y miedo—, entre más simple sea la experiencia de la emoción mayor será la probabilidad de que ésta sea una emoción no filtrada. Recuerda que la mayoría de nosotos tratamos de tapar estos sentimientos, o de alguna manera controlarlos inventando historias que nos hagan sentir que tenemos más control sobre la situación. Estas historias generan una nueva serie de emociones, las filtradas, pero siendo que nosotros mismos las hemos escrito nos da una sensación de menos vulnerabilidad y más control de nuestros sentimientos.

Cuando te encuentres atrincherado en tus emociones, detente y hazte la siguientes preguntas: ¿Qué estoy sintiendo? ¿Por qué? La clave para mejorar tu proceso radicará en tu habilidad para identificar los momentos en que lo que sientes se debe a un evento real, *versus* cuando sientes emociones filtradas a causa de la historia que te cuentas a ti mismo repetidamente. Recuerda que las emociones no filtradas dan mucho mejor información para reaccionar acorde a la situación actual.

7) **Saca a la luz tus emociones no filtradas para que su interferencia sea menor.** Es posible que tengas tantos filtros, y estés tan enfocado en escuchar las historias filtradas resultantes, que no puedas creer que alguna vez hubo una emoción no filtrada en la base de tu experiencia. Para entender este sentimiento original escribe el evento ocurrido, seguido por lo que te hace sentir: quizá no recuerdes tu reacción inicial, pero al observar tus pensamientos ya filtrados podrás cuestionarte más fácilmente los sentimientos que aquéllos generan y así descubrir los filtros asociados a cada pensamiento. Si esto no te sirve, trata simplemente de despersonalizar la situación

para entenderla mejor y plantea qué experimentarías si esto que ocurre fuera una vivencia de otra persona.

8) **Controla tus emociones filtradas:** Una vez que tengas escritas tus historias puedes comenzar a analizar si son reales o no, e incluso puedes compartirlas con alguien cercano para que te dé su punto de vista. Si separas las emociones que sientes al considerar la posibilidad de terminar o continuar tu relación, las historias construidas se volverán particularmente evidentes. Por ejemplo: "siento miedo cuando contemplo la posibilidad de terminar". El miedo es una emoción normal que surge en la mayoría de las personas que atraviesan una decisión de rompimiento. Pregúntate: ¿por qué siento esta emoción? Por ejemplo: "tengo miedo porque voy a estar solo, o no voy a tener con quién hablar, quizá porque no conozco todo lo que involucra una separación o un divorcio, nadie me amará de nuevo, o porque ya estoy muy viejo para salir con otra persona".

Dependiendo de tu respuesta, podrás darte cuenta si tus miedos están basados en la verdad, si son exagerados o si son completamente inventados desde tu desconocimiento y tus prejuicios. Este ejercicio te permitirá distinguir qué emociones te sirven para actuar con adecuación y cuáles entorpecen tu proceso.

Atravesando el duelo

Si bien nos estamos adelantando a una etapa que estás por vivir, nos sentimos con la necesidad de anticiparte, para tu mayor preparación, que si optas por la decisión de un rompimiento, será inevitable que atravieses un proceso de duelo. De hecho, resistirte al mismo obstruiría tu camino de recuperación.

Este ciclo no es lineal: normalmente se salta y se regresa de una fase a otra a lo largo de las diferentes etapas del proceso. Cada persona lo experimentará de manera diferente, y generalmente dura entre seis meses y tres años. Conocer las fases te ayudará a identificar más claramente lo que te ocurre y a dejártelo sentir sabiendo que es una etapa que pasará:

Fase 1: Pérdida inicial

Shock, incredulidad, negación: Éstas son las emociones y reacciones comunes al darte cuenta de que tu pareja no es quien creíste que era o no llegó a ser quien creías que iba a ser.

Fase 2: Protesta

Enojo, negación, una montaña rusa de emociones, negociación, deseos de recuperar el pasado, estrés: Al darte cuenta de que quizá no quieras seguir con tu pareja, probablemente intentarás negar tus emociones y dejar de enfocarte en los aspectos negativos de tu pareja. Te sentirás triste y frustrado intentando en tu interior recuperar el pasado para ser felices como lo fueron en algún tiempo.

La montaña rusa de emociones que experimentarás irá desde sentimientos de enojo hasta sentimientos de miedo, angustia y desesperación. Es una fase desgastante, ya que utilizarás casi toda tu energía tratando de dejar de sentir tantas emociones negativas. Confía en que pasará.

Fase 3: Desesperación

Duelo y depresión, desorganización, propensión a accidentes y enfermedades, angustia: Has llegado a un nivel más profundo de dolor y te has dado cuenta de que ya no puedes seguir en esta situación. Comienzas a entender la realidad en tanto que una gran tristeza te inunda por no haber logrado tu sueño. Estás también algo confundido, preocupado y sientes que tu mundo se derrumba. Te sientes sin esperanza ni control alguno.

A causa de todos estos sentimientos, no tienes mucha fuerza y no estás muy presente en lo que pasa a tu alrededor, por lo que te encuentras muy vulnerable a un accidente o alguna enfermedad. Cuídate de manera particular, todo pasará.

Fase 4: Separación/Desapego

Apatía, introspección, aislamiento, apartamiento, renuncia: Lo primordial que sentirás en esta fase es un alejamiento de la sociedad, una menor interacción con los demás. En este momento es importante que pongas tus necesidades por encima de todas las personas a tu alrededor. Si tienes hijos, pide apoyo.

Después de utilizar tanta energía tratando de cambiar a tu pareja o de lograr que las cosas funcionen, probablemente te darás por vencido y te dejarán de importar muchas cosas que antes te parecían relevantes. Recuperarás poco a poco la fuerza y la energía con la cual podrás pasar a la siguiente fase, establecer metas y comenzar a interactuar nuevamente con los demás.

Fase 5: Reorganización

Paz interna y aceptación, establecimiento de nuevas metas, involucramiento renovado, más fuerza, introspección, optimismo y alegría: Si bien las fases anteriores no son lineales, no puedes llegar a esta fase sin haber pasado por las anteriores, ya que esta última fase es un estadio de renovación donde experimentarás emociones de felicidad, paz interior, aceptación, optimismo y alegría. Destellos de estas emociones llegan a entremezclarse a lo largo del proceso, pero comúnmente no llegarán a manifestarse hasta que hayas aceptado tu realidad o te sientas convencido de que tomaste una decisión correcta.

La felicidad que sientas en esta etapa será la puerta que te dará la entrada al siguiente capítulo de tu vida. Llegando a este punto podrás ya pensar en el futuro teniendo la fuerza, las emociones positivas y la introspección necesaria para hacerlo.

Entre la culpa y el resentimiento

Salvo algunos casos en que ambos miembros de la pareja eligen de común acuerdo trabajar en su relación —hasta incluso acordar la separación si se considera necesaria—, generalmente es uno de los dos quien está más insatisfecho y lleva la batuta del proceso: desde promover el cambio hasta llegar en ocasiones a la petición de la separación definitiva. Así es que podríamos decir que en todo proceso de recuperación o de terminación de la vida de pareja un miembro es el "promotor" y el otro el "seguidor" o resistente en caso de rechazar el cambio. En caso de un rompimiento podríamos llamarlos *terminador* y *terminado*.

En términos generales, cada uno de los integrantes tendrá que enfrentar un proceso de duelo diferente, siendo un desafío particular del primero —iniciador o terminador— la culpa, y del segundo —seguidor o terminado—, el resentimiento. Abordemos las manifestaciones de ambos sentimientos para entender los desafíos que uno y otro tendrán que manejar.

La culpa se produce cuando lo que haces no va de acuerdo con lo que piensas; casi siempre es porque tus acciones no están a la altura de alguna norma aprendida. En este sentido podemos afirmar que si la norma transgredida es viable de cumplir y está basada en principios éticos, es probablemente oportuno que experimentes culpa. Pero si la norma te fue impuesta, no la has elegido por cuenta propia ni tiene sentido en tus circunstancias particulares, tus sentimientos de culpa serán poco productivos.

Cuando propones transformar una relación, o bien eliges terminarla, puedes sentirte algo culpable. Sin embargo, cabe señalar que una culpa irracional extrema es señal de que algo no anda bien. La culpa excesiva no te ayudará a tomar decisiones acerca de la manera en la que debes plantear tu problema y vivir: puedes sabotear tu futuro buscando maneras de detener el proceso e incluso de castigarte como estrategia de alivio.

La conducta llena de culpa en ocasiones alberga un sentimiento de enojo. Quizá por mucho tiempo te sentiste herido por tu pareja y las circunstancias te impidieron reconocerlo y decírselo. Un enojo reprimido pudo llevarte a albergar sentimientos de revancha, ¡cuidado! No te vayas al extremo de agredir, pero tampoco de agredirte sintiéndote culpable innecesariamente.

La intensidad y el manejo de la culpa también varían si has planteado adecuada o bien inoportunamente tu malestar y tus quejas. Si has planteado con valentía y claridad lo que quieres, y pese a la crítica o resistencia de tu pareja has luchado con integridad por una relación mejor sin destruir a nadie en el intento, no tienes por qué sentirte culpable. Incluso puedes llegar a ser un "buen terminador" haciéndote responsable de tu decisión y siendo cuidadoso con los implicados, reconociendo tu parte en el rompimiento y midiendo los efectos del mismo.

Por su parte, los "malos terminadores" tienden a parecerse mucho a los niños que se fugan de la casa: creen que "la comida es más sabrosa en casa del vecino" y que lo único que les falta para ser felices es salirse de la relación y encontrar a alguien mejor. Muchos de ellos se marchan rápidamente sin siquiera explicar las razones que tuvieron para querer separarse.

Hablemos ahora de los seguidores o terminados: si tú ocupas la otra cara de la moneda en la relación, o incluso en una próxima separación, tu dolor emocional puede ser aparentemente más grande que el dolor de tu pareja, que fue quien inició el proceso. Especialmente se te puede dificultar dejar ir la relación. Esto se debe a que probablemente considerabas que la relación no era suficientemente mala como para cambiarle algo y menos aún para terminarla. La posición que ocupas en esta crisis te hace sentir seguramente lastimado e inseguro de ti mismo: ¿qué no vi?, ¿qué hice mal?, ¿acaso no soy digno de ser querido?

Experimentar esto habla de un sentimiento de rechazo que probablemente sufres, y esta sensación te pone en un estado de vulnerabilidad. Para aceptar esta condición tienes que creer en tu fuerza interior. También es necesario saber que cualesquiera que sean tus defectos, no son únicos ni muy diferentes de los de otros. Y es que la experiencia de rechazo, incluso de abandono, sin duda magnifica tus sentimientos de inseguridad.

No todo está mal: ¡eres una persona que vale la pena! Tienes algo especial que ofrecer a los demás, pero para recuperar tu seguridad tendrás que explorar diversas situaciones que te permitan apropiarte de tus recursos y capacidades. Un punto medio y saludable para avanzar en tu proceso sería preguntarte qué has perdido realmente con toda esta crisis y si sabías que eso era tan importante para ti. Un "buen seguidor o terminado" se hace cargo de su dolor, lo trabaja y lo atraviesa. La actitud contraria sería culpar al otro de todo lo que les ocurre.

Cualquiera que sea tu posición en esta crisis, vivirla y aceptarla te permitirá atravesarla oportunamente y aprender de ella, y venga lo que venga, reconstruirte con más rapidez.

CUADRO DE VALORACIÓN

Manejando lo que siento

1.	Tiendes a ser una persona sensible y emocional en tu vida en general.	sí	no
2.	En esta etapa en particular te sientes más sensible y emocional.	sí	no
3.	Distingues cuando experimentas una emoción o un sentimiento.	sí	no
4.	Eres capaz de nombrar diferentes experiencias emocionales: tristeza, envidia, miedo, alegría, enojo, emoción, celos…	sí	no
5.	Entiendes con serenidad que lo que sientes no es ni bueno ni malo, simplemente es.	sí	no
6.	Te haces cargo de las acciones que realizas, sea cual sea la emoción que las provoque.	sí	no
7.	Reflexionas sobre los pensamientos que alimentan tus reacciones emocionales.	sí	no
8.	Escuchas el lenguaje de tus sentimientos para aprender de ti y manejarte mejor en cuanto a tus decisiones y acciones.	sí	no
9.	Distingues las emociones filtradas de las no filtradas.	sí	no
10.	Aceptas que la situación por la que atraviesas aviva la intensidad de tu mundo emocional.	sí	no
11.	Te preparas emocionalmente para atravesar con éxito el proceso que estás viviendo.	sí	no

Reflexiones

Conclusiones

9. CONSERVANDO TU ENERGÍA

No te rindas, por favor no cedas, aunque el frío queme,
aunque el miedo muerda, aunque el sol se esconda,
y se calle el viento, aún hay fuego en tu alma, aún hay
vida en tus sueños. Porque la vida es tuya y tuyo también
el deseo, porque cada día es un comienzo nuevo,
porque ésta es la hora y el mejor momento,
porque no estás solo, ¡porque yo te quiero!

MARIO BENEDETTI

Quien se para a llorar, quien se lamenta contra la piedra
hostil del desaliento, quien se pone a otra cosa que no sea el
combate, no será un vencedor, será un vencido lento.

MIGUEL HERNÁNDEZ

Te acercas al final de esta lectura. Es mucho lo que has re-
flexionado y trabajado en tu interior. ¿Estás listo para dar el
paso siguiente? Lo que te falta no consiste en seguir dando
vueltas en tu cabeza a los "pros y contras" de lo que has elegido. Lo más importante en este momento es sostener tu decisión pero sin aferrarte a los caminos que te llevarán a ella; es
decir: moverte hacia el objetivo que te has planteado, estando
abierto a escuchar la retroalimentación que se derive de tus
acciones para poder alinear tu estrategia de afrontamiento.
No hay manera de rectificar una ruta más que avanzando en

ella; es a lo largo del recorrido que uno puede verificar que lo decidido corresponde a tus necesidades y valores profundos.

No te estamos invitando a cambiar tu elección en un par de semanas; por el contrario, te pedimos que confíes en tu voz interna y que sostengas lo que te has propuesto. Pero mientras te vas desplazando la realidad —más que tu pensamiento rumiante— te indicará si hay algo que tengas que revisar para seguir tu camino.

Un buen amor

Te preguntarás por qué a estas alturas del camino queremos introducir el tema del amor; tal vez piensas que, dado el proceso que estás atravesando, hablar de este tema es poco práctico, incluso doloroso. Quizá en este momento te parece que hablar de amor es "una mala broma", o peor aún, dudas que el amor —al menos como lo soñabas— sea una posibilidad real de ser vivida.

Sea cual sea la decisión que vayas a emprender, ciertamente lo haces en busca de una vida mejor; si el asunto que estuvieras resolviendo fuera de índole laboral, social o escolar, el tema del amor estaría de más, pero seguramente la elección de irte o quedarte que estás por tomar te deja vislumbrar que mereces una relación amorosa más acorde a quien eres hoy, más satisfactoria, más placentera... Es por esto que vale la pena entrar en el tema del amor y desbancar, por un lado, la idea mítica del amor ideal, ése que "todo lo puede y todo lo soporta", pero también combatir, por el otro, la tendencia catastrófica de afirmar que el amor no existe.

El amor adulto siempre nos dejará un poco insatisfechos. Nunca encontraremos a alguien que nos colme totalmente y que "nos haga plenamente felices". La satisfacción en la relación amorosa, aunque se dé entre dos personas, debe llegar por más fuentes: es importante tener redes de apoyo que nos brinden amor, cariño, diversión y crecimiento. La felicidad es una conquista personal, y se alcanza más como consecuencia de involucrarnos en proyectos valiosos que den sentido a nuestra vida, que como un logro derivado de una decisión o de una acción concreta. Por supuesto que hay elecciones en la vida que nos acercan o nos alejan de un estado de plenitud, pero siempre es el cúmulo de las mismas y sus efectos en nosotros y en otros lo que nos produce bienestar.

Una de esas decisiones nodales es sin duda la elección y el cultivo de un buen amor, el cual también favorece un estado de felicidad. Pero un buen amor nunca es perfecto y tampoco corresponde con exactitud a nuestros sueños y a nuestras expectativas. Quizá la manera de medir un buen amor será más reconociendo los efectos que tiene en nosotros que contando las características "objetivas" del amado. Es por eso que queremos que distingas lo que para nosotros son señales de que se tiene un amor suficientemente bueno.

Reflexionar sobre el amor te permitirá confirmar la decisión tomada. Los problemas mal manejados pueden desgastar el amor, pero un buen amor también atraviesa diversos problemas. Es importante no valorar una relación por los problemas en sí sino por el manejo que de ellos se puede hacer al interior de la misma. Si lo que te vamos a plantear ha estado ausente de tu relación desde el inicio, difícilmente podrá conseguirse estas alturas del camino. Si lo tuviste y lo perdiste, habrá que considerar si se puede recuperar con un mejor manejo de la situación, y si es demasiado tarde será mejor ir soltándolo de una vez.

La experiencia de lo que es el amor se decide desde la propia realidad, y no desde lo que el otro dice sentir por nosotros. Nuestra pareja puede decir que nos ama sin que nosotros nos sintamos amados por ella, y finalmente pesa más nuestra experiencia que sus palabras y sus deseos.

Un buen amor:

1) Abre posibilidades

Una relación amorosa ha de abrir nuestras opciones de vida, y no, por el contrario, cerrarnos puertas. La relación amorosa facilita que los miembros de la pareja logren realizar ideas, proyectos, pensamientos y planes abriendo su mundo de posibilidades. Un buen amor colabora en hacer posibles sueños, que por ser quizá difíciles o peligrosos son poco factibles de alcanzar para una persona sola. La relación amorosa ha de implicar un intercambio de intereses, deseos y valores personales que, siendo de uno, se transmiten al otro y, así, se enriquece la vida de los miembros de la pareja.

2) Produce placer

El amor, el verdadero amor, produce placer. Esto no significa que no haya momentos de dificultad y sufrimiento, pero aun estos no opacan del todo los espacios gozosos. ¿Tu relación es placentera —entendiendo el placer en todas sus variantes, incluyendo por supuesto el placer erótico—? Quizá una condición para el placer y el gozo con el otro es aceptarlo como una persona diferente, completa e irreductible. Ser iguales en todo, gustar de lo mismo, no tolerar las diferencias, mata el deseo… Sólo a través de la aceptación y el disfrute de las diferencias podemos gozar de los aspectos positivos de la pareja y tolerar los negativos sin resentimiento y sin necesidad de buscar el placer en otras relaciones.

3) Es transgresor

El buen amor no se conforma con lo común y corriente. Es transgresor, y con eso queremos decir que es privado, secreto, incluso raro o diferente. Es que el amor verdadero desafía ciertas convenciones, es rebelde.... ¿Cómo se sabe esto? Los amantes de vez en vez realizan acciones incontables, incluso vergonzosas para el orden social. Estas acciones sólo tienen significado y valor al interior del intercambio de pareja. En un mundo posmoderno lo meramente sexual, lo genital ya no es transgresor. Consideraríamos transgresores modelos amorosos poco convencionales, las relaciones de pareja no patriarcales, las no basadas en el matrimonio, entre otras muchas cosas que sólo define y preserva para sí la pareja.

4) Genera madurez

La relación amorosa es una relación entre iguales desarrollada en la madurez personal. Entendemos la madurez como la capacidad de ser autónomos del medio que nos rodea: gestionar con eficacia la obtención de nuestros deseos, necesidades, valores e intereses. Para ser maduro se requiere tomar en cuenta al otro: "caben mis necesidades y caben las tuyas también"; son los inmaduros quienes se sienten "el ombligo del universo". Nada hay nada más triste que aquel que nunca logró independizarse de su familia de origen y por lo tanto es incapaz de tener una pareja, una familia, una vida autónoma. No podemos ser independientes del todo, al final somos seres sociales; sin embargo la persona madura elige sus interdependencias, maneja la frustración, puede posponer la gratificación inmediata en aras de logros mejores, afronta oportunamente los desafíos básicos de la vida...

5) Proporciona ternura

Al hablar de ternura no estamos refiriéndonos —necesariamente— a muestras empalagosas de amor. La ternura incluye todos esos gestos que nos permiten simbolizar la aceptación del otro como un auténtico otro y de sus proyectos personales como alguien único e irrepetible. Las relaciones personales, y aún más las amorosas, tienen siempre una doble cara: contienen agresividad al tiempo que dan placer a la vida. Por eso la ternura ha de estar presente en toda relación amorosa, pues es la acción que transmite el significado de que alguien, pudiendo ser agresivo o duro, es capaz de transformar esa posibilidad en símbolos de amor y cariño para con su pareja.

6) Da tranquilidad

Una relación, cuando da apoyo y colabora en la solución de los problemas que surgen en el diario vivir en pareja, aporta serenidad. Por eso las relaciones de pareja que generan miedo, intranquilidad, angustia y suspicacia distan mucho de ser amorosas. El verdadero amor, cuando se instala en el día a día, hace la vida más libre, segura, clara, acompañada, predecible y plácida para los que se aman, proporcionando —en la presencia cotidiana del otro— una sensación de bienestar y confianza.

Sobra decir que no pueden establecerse reglas. Sólo tú podrás definir cuándo una relación amorosa es suficientemente satisfactoria y cuándo no lo es. Lo que sí parece claro es que encontrar en uno mismo o en la pareja varios de los componentes mencionados tiende a generar bienestar, crecimiento, y por tanto un intercambio que podemos considerar amoroso. Una relación así, que da señales de ser un amor "realista", deja ver el orgullo que sentimos de estar con nuestra pareja: una satisfacción profunda, no vanidosa, esa sensación elegante de llevar al lado, de estar, de aparecer con la persona que uno ama.

Por el contrario, si uno o más de estos efectos están ausentes, la relación amorosa será frágil, y verá el menor resquicio como una oportunidad para salir de ella. Si no disfruto, si no me siento seguro, si no crezco, ¿qué hago en esta relación?

Ocurre también que a veces un miembro de la pareja piensa sobre los efectos en sí y en el amado de su relación de manera diferente de lo que piensa el otro; en este caso —que quizá ha sido el tuyo— estamos a las puertas de problemas.

Algunas precisiones

Seguramente durante la lectura de este libro gran cantidad de pensamientos y emociones han aparecido en tu horizonte. ¡Es lógico! Incluso necesario: considerar el destino de tu relación de pareja no es cosa menor.

El esfuerzo que has realizado ha valido la pena: has atravesado un proceso que te da el conocimiento suficiente para dar el paso que llevas tiempo deseando dar. También has podido distinguir lo que es normal y lo que no lo es de lo que estás viviendo, para finalmente reconocer las opciones con las que cuentas, así como las ayudas de las que puedes echar mano para llevar a cabo tu decisión. Esta preparación te permitirá ahorrar tiempo, dinero y energía, y sobre todo, tomar acción en la línea de lo que valoras y requieres.

Es probable que aunque estés definido te sientas ansioso. En un mundo ideal, tomaríamos todas las decisiones importantes de nuestra vida desde un lugar de absoluta paz y seguridad; sin embargo, la vida no es así, menos aún al contemplar una ruptura amorosa. Por esta razón, la estrategia de posponer la acción hasta que consideres estar en calma total para actuar no es una buena alternativa. El cambio siempre genera una dosis de ansiedad: por más pensada que sea tu elección es difícil tener la certeza total de estar decidiendo lo correcto, el camino por recorrer será siempre nuevo y por tanto desconocido. Quizá te cuestionas si hay riesgos: la respuesta es sí. Encarguémonos de que sean riesgos medidos y que vayan en la línea de lo que consideras importante.

Es probable que la gente de tu entorno —pareja, familia, amigos— se inquiete también; por eso será importante que observes quién puede y quién no puede —ni tampoco le corresponde— acompañarte. Seleccionar de quiénes te vas a rodear en la transición se vuelve una decisión fundamental. No hay duda de que quien ya ha atravesado con éxito situaciones similares puede empatizar contigo y darte consejos sabios y experimentados.

Seis ideas para salir airoso

Es momento de poner a prueba tus recursos personales. El uso adecuado de tus capacidades, habilidades y destrezas permitirá que avances paso a paso para lograr tu objetivo. Recuerda que parte de tus recursos son las redes de apoyo que te rodean en el ámbito familiar, laboral y social: siempre habrá alguien sabio de quien echar mano cuando te topes con algún obstáculo en el camino.

A continuación te compartiremos algunas ideas que te serán de utilidad a lo largo del proceso. Léelas de vez en vez para hacer uso de ellas, pues son directrices que facilitarán que no te desvíes de tu propósito. Regresa una y otra vez a lo que has decidido con inteligencia y compromiso, y asegúrate de no perder de vista la meta final, que es la que dará dirección a tu caminar.

Trabaja contra el autoengaño

Estar lo más tranquilo posible no implica pretender que las dificultades no existen: negar las partes complicadas que enfrentes es una forma de autoengañarte. Recuerda que enfrentarás algunos problemas y necesitarás lidiar con ellos. La estrategia de negar los conflictos genera una tranquilidad pasajera que termina desembocando en los mismos problemas pero más crecidos aún. No tomar acción es una manera retroceder y prolongar la ansiedad causada por la incertidumbre.

"Agarrar el toro por los cuernos" puede hacer la vida aparentemente más complicada, pero por difícil que esto sea, el autoengaño y el engaño a los demás siempre es una peor elección. Evitar los problemas crea aún más dolor y complicaciones que afrontar la realidad por dolorosa que sea. Es importante que tras adquirir la información que has descubierto en cuanto a lo que deseas, respires profundamente y sostengas un diálogo interno para no silenciar tu voz interior.

Sostenerte en la mentira implica derrochar muchos recursos físicos, psíquicos y en ocasiones incluso económicos. La realidad al final siempre se impone, así que "duro con la realidad y blando con las personas": con tu propia persona y con todas las involucradas en la decisión que vas a tomar.

Tómate el tiempo que necesitas

Salvo raras excepciones, no hay emergencia o razón alguna para apresurar impulsivamente la ejecución de tu decisión. Estas excepciones incluyen si tú o tus hijos están en peligro de ser abusados o violentados por tu pareja, o si tú estás en peligro de abusar o violentar a tus hijos o a tu pareja: en ambos casos es inaplazable una rápida decisión. Si alguna de estas situaciones se aplica a tu caso, es recomendable que busques ayuda profesional de terapeutas, doctores y jueces lo antes posible para no poner en riesgo la integridad física y psicológica de alguno de los involucrados.

Si tu situación es menos apremiante, te vendrá bien tomar un tiempo razonable para asentar tu decisión. Confía en ti mismo y reflexiona si te sientes presionado por algo o por alguien. No siempre habrá un indicador que te diga que tus tiempos o decisiones sean los correctos, pero definitivamente existen alarmas internas que suenan cuando no estás yendo a tu propio ritmo. Retoma los ejercicios que has realizado a lo largo de la lectura de este texto para que vuelvas a contactar con tus sentimientos y tus reflexiones.

Recuerda que tomarte tu tiempo no significa que no te pongas una fecha límite: es fundamental que no extiendas la implementación de tu decisión. Una situación de ambivalencia no se puede sostener por años.

Distingue las emociones "presentes" de las emociones "creadas"

Hemos dicho que la decisión que estás tomando es generadora de una tormenta emocional. Por eso es importante desarrollar la habilidad de identificar los sentimientos que tienen que ver con la situación puntual que atraviesas de los que corresponden a experiencias anteriores que de alguna manera han dejado huella en ti. ¿El enojo, la tristeza, la alegría o el miedo que experimentas son a causa del evento que estás atravesando? ¿Lo que sientes tiene más ver que ver con emociones "creadas" a causa de historias que te cuentas de ti mismo repetidamente?

Existen personas que tratan de atravesar los procesos dolorosos rápidamente para así evitar sus emociones "presentes" de tristeza, ansiedad o enojo. Lo que buscan, respondiendo así a los hechos que enfrentan, es evitar el dolor y la frustración por no lograr satisfacer sus necesidades o hacer realidad sus deseos. Actuando de esta manera sin duda se evita la vulnerabilidad de tener que pedir lo que se necesita, o bien de tolerar la ansiedad de la transición; sin embargo, evitando o desprendiéndonos de nuestras emociones verdaderas no podemos avanzar en el proceso: llegará el momento en que las emociones correspondientes afloren, e irrumpirán en un desborde emocional que ya no corresponda a lo que se está enfrentando.

Cuando la pareja —o al menos uno de los cónyuges— descuida sus sentimientos reales y se esfuerza ya sea por quedarse en una situación poco sana o bien por irse antes de ponderar si hay algo que se pueda hacer por la relación, generalmente experimenta el efecto de la decisión inadecuada sintiendo mucho resentimiento, enojo y depresión. La sensación de estar atrapados y de no poder vivir de la manera que desean genera extrema frustración y desesperación.

Recuerda que las emociones "creadas" impulsan a atravesar el proceso a mayor velocidad de la que éste requiere y empujan a tomar decisiones basadas en un enojo sobre el pasado o el futuro, perdiendo de vista lo que ocurre en la presente realidad. Aunque las emociones "presentes" hayan aparecido desde el principio del proceso y como reacción lógica y oportuna a lo que estás viviendo, cuida de no taparlas y evita que las emociones "creadas" tomen el control.

Separa tus metas de tus emociones

Esta idea se explica por sí sola. Tal como algunas personas se quedan casadas por las razones incorrectas, hay quienes se divorcian por las razones incorrectas. Básicamente considera:

- No buscar la salida fácil: Cuando no te sientes bien, quieres evitar sufrir y quizá piensas que lo lograrás alejándote de tu pareja. Observa si no siguen apareciendo indicaciones de que aún no es el momento correcto y evita tomar la decisión precipitada de irte.
- No quedarse por comodidad: Si estás considerando quedarte porque el dolor que conoces es mejor que el dolor

que no conoces, es recomendable que desafíes tus falsos motivos y salgas de tu zona de confort.

Recolecta la información necesaria

Insistimos en que recolectar más apoyo e información en la línea que has elegido te puede ayudar a tener un conocimiento acucioso de la opción que has elegido y de ese modo afianzar tu decisión. Existe una gran cantidad de libros, artículos, páginas de internet y otros recursos de los cuales puedes obtener información. También tienes la opción de consultar con un juez, *coach*, mediador, terapeuta o especialista, simplemente para entender las consecuencias que se derivan de lo que vas a emprender. Si bien esto implica un cierto costo en tiempo y dinero, puede ser una inversión oportuna en este momento.

También te hemos propuesto que hables con amigos, familiares, vecinos y compañeros de trabajo que hayan pasado por un divorcio o que estuvieron a punto de romper y reconstruyeron su relación. Algunas historias personales de éxito te darán una mejor perspectiva de tu situación.

Observa tu decisión desde diferentes puntos de vista, investiga todo lo que requieras para confirmarla, pero si las charlas y consultas te hacen sentir más confusión que claridad, limítalas a aquellas personas con quienes compartas muchas similitudes.

Obtén retroalimentación y apoyo profesional

La intuición y el "sexto sentido" dan pistas para avanzar en el camino que emprendes, pero en una empresa de la magnitud de la tuya no esperes que el instinto te impulse a dar el paso que sigue. Hay quienes esperan la irrupción de una corazonada para decidirse a actuar y siguen esperando indefinidamente "esa señal" para continuar. Recuerda que definirte entre irte o quedarte siempre incluye dos voces internas: una que justifica quedarte y la otra que justifica que te vayas; al aceptar la coexistencia de las mismas, podrás tolerar el vaivén interno y contener cierta confusión sin detener tu marcha.

Por eso es importante no recorrer este proceso solo. Busca retroalimentación y apoyo honesto y objetivo para reconocer los pasos debes dar, los recursos que necesitas, y no te desvíes de tu objetivo. Un profesional especializado en rupturas amorosas y en vida de pareja es quien puede apoyarte mejor en el recorrido. Sea cual sea tu decisión, necesitarás retroalimentación, *coaching* y contención. No dejes de asesorarte en las áreas que requieras: financiera, emocional, mental, física y familiar.

Tomando acción

A estas alturas del proceso no queda más alternativa que iniciar el camino. Será tu caminar sostenido lo que te permitirá visualizar el trayecto y confirmar que vas por el sendero adecuado.

Imagina que emprendes un viaje: antes de marchar planeas lo más que se puede asegurándote de tener las reservas básicas y las indicaciones necesarias para llevarlo a cabo, pero una vez emprendida la aventura, sabes que aparecerán infinidad de situaciones que no se pueden anticipar y que sólo se resuelven enfrentándolas durante el camino. En los viajes, así como en la decisión que hoy emprendes, siempre hay indicadores y apoyos para dar salida a los imprevistos que se presentan. Confía en que has hecho el trabajo necesario para llegar a buen puerto e inicia lo que tengas que iniciar.

No te eches a correr de manera desesperada: tu objetivo inicial es dar el primer paso —por pequeño que sea— y sostener los siguientes de uno a uno. Una carrera desbocada te agotará, un paso sostenido generará diferencias sustanciales en el proceso.

A continuación te daremos indicaciones muy básicas para que empieces a avanzar:

1) Haz un plan de acción: Tras haber hecho las consultas necesarias a profesionistas especializados, genera una línea de ruta. Anota tu meta y los pasos que tienes que ir dando —en tiempo y forma— para alcanzarla. Tu plan puede incluir la cantidad de detalles que necesites: puedes especificar en quién te apoyarás o a quién consultarás en caso de que la situación se ponga complicada. De igual manera, puedes escoger un lugar alternativo en donde te quedarías en caso de irte, buscar una casa o departamento propio, conocer tus derechos legales o investigar tu situación financiera.

Cualquier cosa que te permita tener un mayor control y que te ayude a identificar tus opciones más claramente será parte de un plan inicial. Si no lo puedes hacer solo, pide la ayuda que necesites. Si obtienes una respuesta que no te convenza, es recomendable que busques una segunda opinión.

No trates de lograr más de tres o cuatro tareas concretas en un periodo aproximado de un mes; recuerda que los procesos toman su tiempo. Lo más recomendable es ir dando pasos pequeños hacia una dirección y luego, de ser necesario, hacer ajustes: confirma primero que la acción realizada es correcta y después toma el siguiente paso.

2) Ten un plan alterno para usarlo en "caso de emergencia". Quizá las primeras tareas que te propongas no resulten como deseabas y debes redireccionar tus acciones sin perder de vista tu meta. Ten a mano un par de opciones alternativas que sean viables para ti. No te desesperes, sabías que no todo se iba a dar necesariamente tal cual lo esperabas; eso

no significa que no haya otros senderos para llegar a tu objetivo.

3) No intentes decidir todo al mismo tiempo. Si estás atento a la retroalimentación que recibes de cada acción tomada será más fácil decidir la acción que se requiere tomar a continuación. Insistimos en que vayas paso a paso: querer apresurar la llegada del futuro te hará dar saltos en el presente que te impedirán usar información valiosa que surge en el camino.

4) Cuida de ti mismo y de los demás involucrados. Tu pareja, tú y tus hijos, en caso de tenerlos, aun en situaciones de crisis, merecen lo mejor. La forma de hacer las cosas sí importa y sí influye de manera particular en los resultados finales de cualquier decisión. Hemos comprobado que los procesos que cuidan de las personas implicadas —generando contención en quienes los atraviesan—, por más dolorosos o inciertos que sean, conservan en todos una confianza básica que les permitirá afrontar mejor cualquier situación futura que se presente en sus vidas. No se trata de sucumbir a peticiones absurdas, sino de considerar las necesidades de todos los involucrados al tiempo que mantienes un sentido de integridad contigo mismo.

Otra manera de ser cuidadoso es preparándote y preparando lo más que puedas a tu familia: mental, emocional y financieramente. De cualquier modo, tú y tus seres queridos tendrán que tolerar cierta incertidumbre necesaria en tanto que el camino sólo se conoce al andarlo.

5) No esperes señales mágicas. Ya has hecho el trabajo que tenías que hacer. Hay quienes dejan pasar la vida intentando adivinar o entender las acciones de la pareja, o bien queriéndola convencer del propio deseo. A estas alturas del camino,

tratar de entender o convencer al otro no es una opción; céntrate en lo que has trabajado, en lo que quieres, en lo que necesitas, lo cual no significa que seas descuidado con los demás.

No existe el momento "perfecto", siempre encontrarás excusas para no iniciar tu caminar: un cumpleaños, un aniversario o cualquier festividad, por más trivial que sea, puede impedir que emprendas tu proceso. No pospongas más tu decisión, respira profundo, y a continuar…

CUADRO DE VALORACIÓN		
Tomando acción		
1, 2, 3, ACCIÓN PARA INICIAR EL PROCESO...		
	Acción	Fecha
1.		
2.		
3.		

CONCLUSIONES

UNAS PALABRAS DE ALIENTO PARA TERMINAR...

Estás finalizando la lectura de este libro pero no has llegado al final del proceso que has iniciado. Por el contrario, hoy comienzas el recorrido que te llevará a respetar tus necesidades, tus deseos y tus valores, en aras de una vida mejor. Las reflexiones que realizaste al final de cada capítulo no sólo te han dado claridad de decisión, sino que te han equipado con algunas herramientas básicas para manejar lo que sea que tengas que manejar a partir de este momento. Confía en el trabajo que has hecho, confía en tu voz interna, confía en ti.

No estás solo: infinidad de personas se cuestionan sobre su bienestar al interior de una relación de pareja. El propósito de tu decisión será respetarte a ti mismo sin descuidar a tu pareja; tu objetivo final está sustentado en un razonamiento impecable, en una escucha de tus emociones y en una respuesta dada con responsabilidad.

Si estás en una relación inadecuada, de ti depende darle fin: primero en tu pensamiento, después en la acción que estás por iniciar, y luego —y para concluir bien el proceso— asimilando lo vivido de manera que te facilite la vida en el futuro. Saber abandonar las relaciones que empobrecen hace que no pongas en riesgo tu porvenir. No mereces, por ningún motivo, vivir una vida de pobreza emocional.

Pero así como las malas relaciones son para terminarlas, las buenas son para gozarlas. Pocas cosas estimulan tanto el crecimiento y favorecen el bienestar como una relación de pareja constructiva. Quizá hoy no tienes claro el modelo de relación que puedes construir, pero sí sabes que quieres construirlo con la persona con la que te encuentras. Trabajar en un nuevo proyecto en común es una tarea a compartir con tu pareja: quizá crear un modelo menos competitivo, con más cooperación, menos sexista y más equitativo, menos desgastante y más gozoso... Muchos antes que tú lo han intentado y lo van logrando.

La indecisión debilita, evita caer en sus redes. Tener una dirección te fortalece. Esto no significa que no te des algunos meses, si los necesitas, para afianzar y asimilar la decisión tomada: ten la certeza de que tras haber elegido, tomar un tiempo suficiente para digerir e incorporar tu elección te dará la información necesaria para verificarla, así como la fuerza para llevarla a cabo.

Basta una pequeña diferencia en tu vida para dar inicio a un proceso de transformación. Comprometerte con una postura concreta por un tiempo determinado y entregarte a ella de manera contundente te dará retroalimentación sobre el rumbo que tienes que sostener o el cambio que tienes que implementar.

De ahora en adelante te corresponde hacer uso de toda la información recibida para diseñar tu futuro. Recuerda por favor que los verdaderos cambios no se dan en un evento: son un proceso, de ahí la importancia de sostener en el tiempo las acciones concretas que te permitirán arribar a tu elección final.

Si tu caminar comienza a hacerse particularmente penoso trabaja en ti. Quien necesita de manera desproporcionada el amor de otro o la aceptación de los demás, prefiere padecer una relación mediocre antes que transformarla o afrontar su soledad. Una necesidad afectiva exagerada impide aceptar las necesidades de cambio que se requieren, sean cualesquiera que sean, para construir una vida mejor.

Nada de lo que vives es un fracaso personal, por el contrario: las crisis son posibilidades para aprender, y aprender es una puerta segura al crecimiento. Nosotros estamos convencidos de que la vida tiene mucho que ofrecerte si afrontas tu conflictividad de pareja y con ello encuentras las claves que la explican, aprendes de ellas, y te preparas para un manejo más constructivo de la situación.

Existen personas que por no arriesgar nada evitando a toda costa cometer errores se quedan paralizadas en el territorio del amor. Al no intentar ningún cambio en su vida de pareja, se instalan desafortunadamente en una vivencia de frustración "calmada" pero sostenida. Por el contrario, cualquier acción pensada en relación con la vida de pareja, aun con la posibilidad de incurrir en errores inevitables, favorece la experiencia psicológica más productiva del ser humano: el aprendizaje.

Nos atrevemos a afirmar que si bien el amor produce satisfacción, y buena parte de la felicidad humana depende de las relaciones de pareja armoniosas, el primer propósito de la vida en común no es llenarnos de felicidad sino de oportunidades diversas de crecimiento.

¿Acaso no es inevitable sufrir cuando queremos a alguien y ese alguien no nos quiere como queremos? ¿O sufrir porque nos dejan de querer? ¿Incluso sufrir porque no podemos corresponder a quien nos quiere? Aun así, el miedo a sufrir nunca es una buena disculpa para detener decisiones que tienen que ser tomadas. Además, el sufrimiento inevitable curte nuestro carácter, las experiencias afectivas —por penosas que sean— enriquecen nuestra persona, y el oportuno manejo de las crisis de pareja nos abre la puerta a una vida mejor.

Será importante que de vez en cuando te vuelvas a introducir en las páginas de este texto que te resultaron más significativas con la finalidad de no perder el rumbo en el día a día. Muchas de las situaciones que estás por atravesar las has anticipado y preparado, pero sin duda aparecerán algunos retos que no tenías previsto enfrentar. Sobra decir que también los imprevistos son "esperados": la vida en general y las relaciones humanas en particular, son mucho más complejas e inagotables que nuestros deseos y nuestra imaginación.

Pocas situaciones invitan tanto a la madurez personal como el manejo de las relaciones amorosas, y es probable que ya empieces, tras la lectura de este texto, a entender desde tu propia experiencia esta afirmación. Hoy te encuentras inevitablemente ante esta oportunidad de cambio y crecimiento; de ti depende aprovechar el reto de la mejor manera posible: las bases ya las tienes, caminar en el sendero elegido depende de ti.

Una relación no puede terminarse por cualquier cosa, pero tampoco puede sostenerse a pesar de todo.

NOTA AL LECTOR

Si elegiste este libro seguramente estás atravesando un periodo de crisis debido a tu indefinición sobre terminar o continuar en tu relación de pareja. Esperamos que el contenido del mismo te haya sido novedoso y sobre todo te haya resultado de utilidad.

Nos quedaríamos suficientemente satisfechos si hubieras logrado alguno de estos objetivos:

- Comprender que la vida amorosa en la actualidad está en transformación y que la crisis de pareja que vives tiene que ver con tu historia personal pero también con una nueva manera de concebir y vivir el amor en el siglo XXI.
- Distinguir el origen de tus malestares amorosos así como los prejuicios, las creencias y las dinámicas relacionales que te han impedido tomar decisiones en cuanto a tu situación.
- Reconocer tus deseos y necesidades y la posibilidad de satisfacerlas dentro de tu actual relación.

- Evaluar tu situación de pareja concreta para ponderar la posibilidad de trabajar en ella o de dejarla.
- Detectar si tu situación de pareja atraviesa situaciones de riesgo que requieran de un manejo particular para salvaguardar tu integridad y la de tu pareja.
- Tomar una decisión explorando las diversas opciones que puedes elegir.
- Reconocer las capacidades, destrezas y recursos con que cuentas para manejarte oportunamente en la línea que hayas decidido.
- Reconocer si requieres ayuda de un especialista para continuar el proceso.

Si para avanzar en tu camino requieres más apoyo del que te has dado a ti mismo mediante la lectura de este libro…

¡Contáctanos en nuestra página de **internet**!

LA MONTAÑA Psicoterapia S1NGULAR
www.psicoterapialamontana.com

Adhiérete también a CONCEPTO S1NGULAR
www.s1ngular.com

Y súmate a nuestros proyectos: revistas, libros, talleres, vídeos, programas de radio, encuentros sociales y culturales.

REFERENCIAS BIBLIOGRÁFICAS

Ahrons, Constance, *The Good Divorce*, Quill Ed., Estados Unidos, 1994.

Álvarez-Gayou, Juan Luis, y Paulina Millán, *Te celo porque te quiero*, Grijalbo, México, 2010.

Bauman, Zygmunt, *Amor líquido. Acerca de la fragilidad de los vínculos humanos*, Fondo de Cultura Económica, México, 2007.

Boff, Leonardo, *El águila y la gallina. Una metáfora de la condición humana*, Trotta, España, 2006.

Bolinches, Antoni, *Amor a segundo intento. Aprende a amar mejor*, Grijalbo, México, 2007.

—, *Peter Pan puede crecer. El viaje del hombre hacia su madurez*, Grijalbo, México, 2011.

—, *Sexo sabio. Cómo mantener el interés sexual en la pareja estable*, De Bolsillo, México, 2010.

Carter, Betty, y Joan K. Peters, *Love, Honor and Negotiate*, Pocket Books, Estados Unidos, 1996.

Castañeda, Marina, *El machismo invisible. Regresa*, Taurus, México, 2007.

Castilla del Pino, Carlos, *Teoría de los sentimientos*, Tusquets, España, 2000.

Coria, Clara, *El dinero y la pareja*, Paidós, Barcelona, 1991.

—, *El sexo oculto del dinero. Formas de la dependencia femenina*, Paidós, Buenos Aires, Argentina, 2008.

Díaz, Tere, y Rafael Manrique, *Celos. ¿Amar o poseer?*, Trillas, México, 2012.

Díaz, Tere, y Manuel Turrent, *Volver a empezar. Cómo salir bien librado de un rompimiento amoroso*, Grupo Editorial Norma, México, 2011.

Díaz, Tere, y Manuel Turrent, *29 claves para encontrar pareja. Una guía para cerrar relaciones pasadas y elegir un buen amor*, Grijalbo, México, 2013.

Gold, Lois, *The Healthy Divorce*, Sphinx Publishing, Estados Unidos, 2009.

Gottman, John M., y Nan Silver, *Siete reglas de oro para vivir en pareja. Un estudio exhaustivo sobre las relaciones y la convivencia*, De Bolsillo, México, 2004.

Gottman, John M, y Joan de Claire, *The Relationship Cure. A 5 Step Guide to Strengthening your Marriage, Family, and Friends*, Three Rivers Press, Estados Unidos, 2001.

Hirigoye, Marie France, *Las nuevas soledades*, Paidós, España, 2007.

J. Reed, Milinda, *The Everything Guide to Divorce*, Adams Media, Estados Unidos, 2003.

Kirshendaum, Mira, *Too Good to Leave, Too Bad to Stay*, Plume, Estados Unidos, 1996.

Levy, Norberto, *La sabiduría de las emociones*, De Bolsillo, México, 2003.

Manrique, Rafael, *Conyugal y extraconyugal. Nuevas geografías amorosas*, Fundamentos, España, 2001.

—, *¿Me amas? Todos los consejos que necesitas sobre el amor*, Pax, México, 2008.

——, *Sexo, erotismo y amor. Complejidad y libertad en la relación amorosa*, Libertarias, España, 1996.

Marina, José Antonio, *Anatomía del miedo. Un tratado sobre la valentía*, Anagrama, España, 2006.

Nardone, Giorgio, *Corrígeme si me equivoco*, Herder, España, 2006.

Papp, Peggy, *Couples on the Fault Line*, Guilford Press, Estados Unidos, 2000.

Pasini, Willy, *Los nuevos comportamientos amorosos. La pareja y las transgresiones sexuales*, Ares y Mares, España, 2005.

Pease Gadoua, Susan, *Contemplatig Divorce*, New Harbinger Publications, Inc., Estados Unidos, 2008.

Perel, Esther, *Inteligencia erótica. Claves para mantener la pasión en la pareja*, Diana, México, 2007.

Riso Walter, *Amar o depender*, Grupo Editorial Norma, México, 2009.

——, *Amores altamente peligrosos*, Grupo Editorial Norma, México, 2011.

——, *Deshojando margaritas*, Grupo Editorial Norma, México, 2010.

Salinas, Silvia, *Todo (no) terminó. Del dolor al amor*, Océano, México, 2011.

Sigala, Maya, y Alberto Romero, *Divorcio sano. Una despedida en paz*, Urano, México, 2011.

Sinay, Sergio, *Las condiciones del buen amor*, Del Nuevo Extremo Editores, Barcelona, España, 2004.

——, *El hombre divorciado*, Del Nuevo Extremo Editores, Barcelona, España, 2009.

——, *Esta noche no, querida*, Océano, México, 2003.

——, *La masculinidad tóxica*, Ediciones B, Buenos Aires, Argentina, 2006.

Vaughan, Diane, *Uncoupling. Turning points in intimate relationships*, Vintage Books, Estados Unidos, 1990.

Vicencio, Javier, *Mapas del amor y la terapia de pareja*, Pax, México, 2012.

Viscott, David, *El lenguaje de los sentimientos*, Emecé, Argentina, 1978.

Wachtel, Ellen, *We love each other but...*, St. Martin's Griffin Press, Estados Unidos, 1999.

Wallerstein, Judith S., y Joan B. Kelly, *Surviving the Breakup*, Basic Books, Estados Unidos, 2012.

Wallerstein, Judith S., y Sandra Blakeslee, *Second Chances*, Houghton Mifflin Company, Estados Unidos, 1989.

Willi, Jürg, *Psicología del amor. El crecimiento personal en la relación de pareja*, Herder, España, 2004.

White, Michael, *Maps of Narrative Practice*, Norton, Estados Unidos, 2007.

Zumaya, Mario, *La infidelidad. Ese visitante frecuente*, Libros para Todos, México, 2006.

AGRADECIMIENTOS

Este libro nació gracias a tantas y tantas personas que nos inspiraron y apoyaron a escribirlo.

De manera particular quisiéramos agradecer a Fernanda Álvarez, de Penguin Random House, quien se interesó en el tema y nos abrió las puertas para hacer realidad este proyecto. Junto a Fernanda la aventura de escribir se ha convertido en una vocación gozosa y en una amistad.

Agradecemos a tantos amigos y amigas con quienes compartimos y debatimos la posibilidad de sostener o la necesidad de terminar una relación amorosa. A maestros y colegas de quienes hemos aprendido tanto y con quienes hemos "ido y venido" construyendo la complejidad y la paradoja de la vida amorosa.

A profesionistas, investigadores, filósofos, terapeutas, sociólogos, educadores, médicos (hombres y mujeres), cuyos encuentros, así como la lectura y estudio de sus estudios y su práctica, nos ha permitido reflexionar sobre la vida de pareja desde perspectivas serias, estimulantes y diversas.

A consultantes, alumnos, participantes de nuestros talleres… que nos han otorgado el privilegio de acompañarlos a atravesar sus propios dilemas de amor y de quienes hemos aprendido nuevos caminos para "salir del atolladero".

A nuestros hijos, adultos jóvenes, que en sus ya no pocos años de vida, han probado la dulzura y la vulnerabilidad de estar enamorados, de cuestionar su relación, de tener que terminar en algunos casos, o de trabajar por permanecer en muchos otros, haciendo siempre un trabajo de conciencia importante antes de tomar sus decisiones.

A nuestras anteriores parejas que sus momentos de gozo y sus desencantos nos han permitido conocer mejor este recorrido.

Y a nuestro amor presente, que siempre está en juego en cada uno de los pasos del día a día, y que es la piedra fundamental de la integridad que siempre ponemos en nuestra forma de vida y en nuestro trabajo profesional.

ÍNDICE

¿Me quedo o me voy? de Tere Díaz y Manuel Turrent
se terminó de imprimir en octubre de 2021
en los talleres de
Impresora Tauro, S.A. de C.V.
Av. Año de Juárez 343, col. Granjas San Antonio,
Ciudad de México